航运文化系列丛书

中国古代航海家

史话

陈宇里◎主编

The History of
ANCIENT CHINESE EXPLORERS

上海交通大学出版社
SHANGHAI JIAO TONG UNIVERSITY PRESS

内容提要

本书按照时间顺序,以再叙述的方式,从生平简历、远航经历和主要贡献等 3 个维度,讲述跨越 10 个朝代、共 22 位中国古代航海家和汉朝一群无名航海英雄的人物佳话。本书介绍了这些航海家所处朝代的基本情况,特别是该朝代的海上交通活动、造船和航海技术等情况。

本书旨在使读者进一步了解中华文明中优秀的航海文化,学习和传承中国古代航海家敢为人先和奋勇拼搏的进取精神。本书可作为涉海院校相关专业的教学参考书,也可作为读者了解中国航海史的基础用书。

图书在版编目(CIP)数据

中国古代航海家史话/ 陈宇里主编. 一上海:上海交通大学出版社,2023.9
ISBN 978-7-313-28635-2

Ⅰ. ①中… Ⅱ. ①陈… Ⅲ. ①航海−科学家−生平事迹−中国−古代 Ⅳ. ①K825.89

中国国家版本馆 CIP 数据核字(2023)第 115414 号

中国古代航海家史话
ZHONGGUO GUDAI HANGHAIJIA SHIHUA

主　　编:陈宇里
出版发行:上海交通大学出版社　　　　　　地　　址:上海市番禺路 951 号
邮政编码:200030　　　　　　　　　　　　电　　话:021 - 64071208
印　　制:上海万卷印刷股份有限公司　　　经　　销:全国新华书店
开　　本:710 mm×1000 mm　1/16　　　　印　　张:8
字　　数:141 千字
版　　次:2023 年 9 月第 1 版　　　　　　　印　　次:2023 年 9 月第 1 次印刷
书　　号:ISBN 978-7-313-28635-2
定　　价:38.00 元

前 言

　　我国的航海史是一部光荣和盛大的历史画卷，满载着灿烂辉煌的悠久航海文化，蕴含着航海家敢为人先和奋勇拼搏的进取精神，与中华民族的发展历史始终交织在一起，汇聚成源远流长的中国文化史。从秦朝徐福的东渡出海，到明朝郑和船队的七次下西洋壮举，从晋朝法显的第一部"航海日志"《佛国记》，到清朝谢清高将西方近代世界带向中国的《海录》，中国古代的航海成就离不开历代航海家们的接续奋斗。了解这些古代航海家，学习他们的航海精神，对于当今建设海洋强国、航运强国的我们，颇有意义。

　　对于航海家的理解，随着时代的不同亦会有所不同。本书的中国古代航海家是指以民用为目的、受朝廷委派带领船队或自行乘船远航出海，并对中国乃至世界航海事业发展有着显著积极贡献的代表性人物。因此，本书介绍的航海家应同时具备四个条件：一是"以民用为目的"，指航海家应是从事海上和平经贸、文化交流活动的人员；二是"受朝廷委派带领船队出使或自行乘船"，指航海家应是历史上公认的"官方航海家"或"民间航海家"；三是"远航出海"，指航海家应具备驾船或乘船的海上经历；四是"对中国乃至世界航海事业发展有着显著积极贡献的代表性人物"，指航海家应对中国乃至世界航海事业的发展有积极的贡献，这种贡献可以是一本航海相关的著作、一种航海技术的发明、一条航海路线的探索、或是在当时当地享有较高的声誉等。

　　每个时代航海家的产生绝不是偶然和孤立的事件，而是与该时代的背景息息相关。因此，本书在介绍每个朝代的航海家时，首先介绍该朝代的基本情况，特别是该朝代的海上交通活动、造船和航海技术等情况，再从生平简历、远航经历和主要贡献3个维度对航海家加以描述。本书共介绍了跨越10个朝代、共21位中国古代航海家：秦朝的徐福，三国的朱应、康泰，晋朝的法显，隋朝的常骏、裴世清，唐朝的义净、杨良瑶、张友信，宋朝的徐兢，元朝的亦黑迷失、杨庭璧、杨枢、周达观、汪大渊，明朝的郑和、王景弘、费信、马欢、巩珍和清朝的谢清高，以及汉朝的黄门译长等一群无名航海英雄。

本书由上海海事大学获上海高校思想政治理论"金课""中国航海史"的课程团队组织编纂，其中陈宇里担任全书主编并撰写前言、后记和第二章第二节；阚安康撰写第四章第二节；雷雯捷撰写第九章；黄常海撰写其余章节，并提供中国古代航海家时序简图。

上海海事大学王德岭、谢茜、孙洋、马义平、吴长越、佟炜垚为本书提供大量的基础性资料。上海交通大学陈业新教授为本书编写提供了专业指导。书中人物概图素描由上海海事大学视觉传达设计专业2021级学生张淑仪绘制，仅为提高著作的趣味性，并不代表历史人物真实画像。

上海海事大学是我国历史最悠久的航海高等学府，学校始终高度关心和重视优秀航海文化的研究、传承和发扬。本书是上海海事大学"中国系列"课程的航运文化系列图书之一，可作为航海类通识课程的参考用书。书中若有疏漏之处，恳请读者指出。

中国优秀传统文化源远流长、博大精深，作为中国优秀传统文化的重要组成部分，中国优秀航海文化同样底蕴深厚、精彩纷呈。书中介绍的21位航海家和一群航海无名英雄只是中国数千年航海历史长河中成千上万的实践者和奋斗者的代表，我们相信还有许多中国古代航海英雄的优秀事迹和精神需要进一步去挖掘、研究、传承和弘扬。

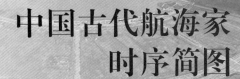

中国古代航海家
时序简图

徐福，公元前219—公元前
210年二次东渡

秦朝

朱应、康泰，
245年出使南海诸国

三国

黄门译长，公元前
1世纪初航行至印度洋

汉朝

法显，411年—412年
从印度海路回国

晋朝

常骏，607年—610年出使马来半岛
裴世清，609年出使日本

隋朝

徐兢，1122年出使高丽

宋朝

义净，671年—695年往返印度
杨良瑶，785年—787年下西洋
张友信，847年—864年航行中国和日本

唐朝

亦黑迷失,1272年—1289年四次下西洋
杨庭璧,1279年—1283年四次远航印度
杨枢,1291年—1310年三次远航波斯湾
周达观,1295年—1297年远航柬埔寨
汪大渊,1330年—1339年二次下西洋

元朝

郑和,1405年—1433年七次下西洋
王景弘,1405年—1434年六次下西洋
费信,1409年—1433年四次下西洋
马欢,1413年—1433年三次下西洋
巩珍,1431年—1433年下西洋

明朝

谢清高，1782年—1796年
航行世界各地

清朝

目 录

第一章　秦朝航海家

第一节　秦　朝　概　述

一、秦朝的建立与灭亡

秦朝,公元前 221 年—公元前 206 年,是中国历史上第一个大一统王朝,由战国时期的秦国发展而来,历经三世,两帝一王,共持续了 15 年。秦国原本是周朝的一个诸侯国,其始祖伯益因辅助大禹治水的功劳,被舜帝赐姓为嬴。伯益的后人非子曾为周孝王养马,因非子喜好养马和牲畜,而且还善于繁殖,周孝王将秦谷(今甘肃天水市)一带分封给非子,这就是"秦"的由来。公元前 770 年,秦襄公因护送周平王东迁到雒邑(今河南洛阳市)的功劳,被封为诸侯,秦开始建国,接管周朝在关中的领地。从公元前 230 年到公元前 221 年,秦王嬴政先后耗时 10 年征服六国,统一了全国。后来,秦始皇北击匈奴,南并百越,建立了中国历史上空前统一的大帝国,结束了自春秋以来长达 500 多年的诸侯分裂割据的局面。秦朝成为中国历史上第一个以华夏民族为主体,多民族共融的中央集权制国家。秦朝创立了皇帝制度和以三公九卿①为代表的中央官制,废除了分封制②,实行郡县制③,彻底打破了自西周以来的世卿世禄制度,有力维护了国家的统一,加强了中央对地方的控制,为中国大一统王朝的统治奠定了基础。秦始皇死后,秦二世胡亥和赵高合谋篡改秦法,引发了秦末农民起义。公元前 207 年,刘邦入关,大破秦军,秦王子婴向刘邦投降,秦朝灭亡。

---

①　秦王嬴政灭六国称帝后,设立了由丞相、太尉、御史大夫组成的"三公",以及由奉常、卫尉、廷尉、少府、郎中令、太仆、宗正、典客、治粟内史"九卿"组成的中央权力机构。

②　分封制是中国古代分封诸侯的制度。商朝已开始分封诸侯,称号有侯和伯。西周灭商后,便大规模地以封地连同居民分赏王室子弟和功臣,诸侯在其封国内享有世袭统治权,也有服从天子命令、定期朝贡、提供军赋和力役,维护周室安全的责任。

③　郡县制是中国古代分封制度之后出现的以郡统县的两级地方管理行政制度,几乎盛行整个封建时代。郡县制是在中央垂直管理地方,地方官员由皇帝直接任免的流官任期制,使地方处在中央的管辖之下,有利于中央集权的加强和国家统一,标志着官僚政治取代血缘政治,是中国由贵族封建制度走向封建专制制度的标志。

二、秦朝的海上交通活动

秦始皇统一六国后,一改周武王的封闭政策,并大举开展对外贸易活动,不过此时还是主要以陆上贸易为主。随着造船业的兴起和造船技术的提高,通过航海进行远洋贸易开始流行起来,所以这一时期也是中国历史上比较重要的一次海洋开拓时代。

公元前 221 年—公元前 212 年,秦始皇令 50 万大军征讨岭南地区百越各部,并相继设立闽中郡、桂林郡、南海郡和象郡①,之后又将北方数十万农民迁往该地进行戍边杂居,这一措施为开通东南沿海地区的航海贸易和航路创造了先决条件。秦朝最早开通的远洋航线是连接日本的东方航线,据《山海经》记载:"盖国在钜燕南,倭北。倭属燕",这个倭就是指日本。秦朝末年,齐地居民为躲避战火,曾渡海到朝鲜半岛南部,而后从朝鲜海峡再渡海前往日本。此时的航线大多经由朝鲜半岛的海岸航线。在东南亚、南亚地区的远洋航海活动中,秦朝的对外贸易航运和文化交流变得空前活跃,这一时期的远洋航海的主要特点表现在两个方面:一是海上贸易交易的内容大多为奇珍异宝,其目的是满足高官显贵们的骄奢生活,对普通百姓的生产生活影响不大;二是此时的海外贸易更多以朝廷组织为主,民间贸易为辅。

三、秦朝的造船和航海技术

根据史料记载,秦朝时期人们就已经开始大量使用船舶作为主要的运载工具。《论都赋》②这样描述当时漕运的壮丽场面:"大船万艘,转漕相过"。《史记》中记载,当时民间所造的船是以长度"丈"来计算的,而一些大商人竟拥有"船长千丈"的船舶达 200 艘之多。除了民间大量使用船舶之外,当时最集中体现造船技术水平的当属水军所使用的战船。秦始皇顺江而下征伐楚国的时候就曾出动"大舸船万艘",而后在攻打百越时通过船舶调发兵力 50 万人,如此可推想秦始皇时期水军规模的巨大程度。

秦朝船舶制造技术已经达到了相当成熟的水平。考古学家对广州地区造船遗址的挖掘,表明 2 000 多年前的中国就已经具备了相当高水平的造船设备和

---

① 闽中郡跨福建省和浙江省,南海郡主要在广东境内,桂林郡主要在广西壮族自治区境内,象郡跨广东省和广西壮族自治区。

② 《论都赋》是东汉杜笃的著名赋作,描绘了西京(长安)的险要地势,说明应定都长安的原因。该作采取大赋设客主问答的形式,开篇以散文为序,本体以韵文展开,语多铺排,言辞辩赡,打破了以往文学之士献赋颂圣娱悦的老例,以赋作为疏章,秦谏国事,提高了赋体文学的政治品位。

造船技术。在早期的船舶制造中,连接船板的基本上是一些木钉、竹钉、麻绳等工具,到了秦朝已经被铁钉、油灰捻缝①等替代,这样就极大地提高了船舶结构的结实程度。当时可以造出宽 8 米、长 30 米、载重五六十吨的木船来。这样吨位的船舶,组建船队,徜徉海洋之上,已经初具规模。

在航海技术方面,秦朝已经大量出现海上导航占星书籍,如《海中星占验》《海中五星经杂事》《海中五星顺逆》《海中二十八宿国分》等。这些"海中"占星书籍,是当时航海知识和天文知识结合的产物。虽然这些书大部分都遗失在历史的长河中,但是从其书名中可粗略了解到,当时的天文航海书籍已经详细描写了如下几点:一是对海洋上空星座的辨别和验证;二是对海洋上空中五大行星运行轨迹和运行规律的认识;三是对海洋上空二十八星宿具体位置和相互关系的记载;四是对航行中日、月、风、雨的预测等②。

秦朝时期,人们之所以能做到大规模远洋航行,就是因为当时的船舶已经应用了风帆,并且人们已经对季风的变化有了较深的认识。这种随季节而变化、定期而知的季风被称为"信风",对航海活动极为有利。这一时期人们对运用地文航海也已经有了重大的进步。其一,人们在长期反复的航行实践中,已经对航路进一步熟悉和明确,因此对航行期限和航程有了比较明确的估算和记载。其二,当时的人们已经对航线周围的地理状况有了较深的认识,对海中的岛屿、暗礁、沙洲等早在秦晋时期就有所了解,并且已经开始掌握海洋潮涨潮落的规律。其三,已经出现了对海上地形地貌进行精确测量的"重差法",利用矩和表,通过两次观测,求得海岛的高度和远近,这种"重差法"的出现,对于后世航海地图的绘制和航程的测算,具有深远的历史意义。

第二节 徐福——从秦之方士到求仙东渡

一、徐福生平简介

徐福,又名徐市,字君房,生于公元前 255 年,卒年不详。胶东郡黄县(今山东龙口市)人,秦朝著名方士,博学多才,通晓医学、天文学和航海学。徐福体恤民情,乐于助人,在沿海一带民众中享有很高的名望。据说徐福是鬼谷子先生的

---

① 艌料俗称"油灰",以桐油、麻丝(或竹丝)、石灰(或蛎灰)按比例捣合而成。将麻丝、桐油和石灰等艌料嵌进船板缝隙,这些艌料可以随着船板一起热胀冷缩,这样就可以保证船板不会透水。

② 史景峰.秦汉航海史研究[D].桂林:广西师范大学,2012.

关门弟子,学习了辟谷、气功、修仙,也通晓武术①。徐福为商朝徐国后裔,出自东夷少昊族,与秦、赵等同为嬴(与盈通)姓。徐福生于秦统一中国前的齐国,他的家乡是秦时的胶东郡黄县。自古以来,山东沿海的芝罘、蓬莱一带,时常出现海市蜃楼的幻景奇观,在科学尚不发达的年代,人们以为这便是神山仙境了。于是,从春秋战国时期开始,当地就有入海求仙的传统。求仙药、崇神仙、追求长生不老之风气浓厚,以此为业的"方士"也就应运而生了。秦始皇派遣徐福两次出海采仙药,后一去不返。

二、二次奉命东渡寻仙药

徐福东渡,最早见于司马迁的《史记》,是指秦始皇时期派遣徐福率船队出海采仙药,后一去不返的事件。公元前 219 年,秦始皇派遣徐福从山东半岛的大港

琅琊出发,带领了数千童男童女,出海为其寻找神山仙药。这一次出海,徐福无功而返。徐福回来后,他对秦始皇解释道,蓬莱的仙药是可以找到的,但是为海中鲛鱼所困不得而至。其实,依据秦国的法律,方伎不灵验,是死罪。可能因为徐福巧舌如簧,也可能是秦始皇太想得到长生不老的仙药,秦始皇竟然给了他第二次机会。公元前 210 年,秦始皇派遣徐福第二次东渡出海寻找仙药。正是在这一年,秦始皇第四次巡海。徐福与秦始皇乘船自琅琊北上,经荣成山,到芝罘。秦始皇亲

自用连弩射杀巨鱼,帮助徐福开辟求仙之路。之后,徐福与秦始皇分道,徐福从芝罘东渡而去,秦始皇则沿海西行,到平原津(今山东平原县西南附近)时暴病,在沙丘平台(今河北广宗县)猝亡。这一次徐福一去不归。

后来,多本史书都记载了徐福出海的事情,但对其所到达的地方有不同的记载。《三国志》的《三国志·吴书·吴主传》《后汉书·东夷列传》《括地志》等记载为亶洲,但具体方位不详。五代后周时期,僧人义楚在《义楚六帖》的《城廓·日本》中,首次明确提到徐福最终到达的是日本。宋朝诗人欧阳修在《木刀歌》中明确指出徐福到了日本。日本最早提到徐福的是 1339 年的《神皇正统记》。自此

---

① 韩玉德.徐福其人及其东渡的几个问题[J].陕西师范大学学报(哲学社会科学版),2000(02):80-85.

以后,徐福的故事就在日本流传开了,并且逐渐在民间广泛流传。

徐福东渡可行性航线也是争论的问题。目前比较认可的观点是徐福船队可能循渤海海峡与黄海沿岸的航线前往日本。徐福船队从山东半岛启航,鉴于秦朝的航海水平,尚不能直接向东渡过黄海抵达朝鲜半岛,而是需要借助海岸及沿途岛屿,沿渤海海峡逐岛北上,这是一条古老而安全的航路。船队由蓬莱头向北航行,经南长山岛、北长山岛、砣矶岛、大钦岛、小钦岛、南北城隍岛,穿越老铁山水道,即抵达辽东半岛南端的老铁山①。之后,沿海岸线向东航行,越过古城岛,到达鸭绿江口。然后,徐福等人顺势沿西朝鲜湾转向南行,绕过中央突出部分和白翎岛,入江后继续南行,越过扶南、罗州群岛,掉头向东航行,经济州海峡,绕过朝鲜半岛,沿朝鲜西、南海岸航行,到达日本。从朝鲜半岛东南沿岸渡海至日本列岛的古航路,是借助于日本海左旋海流的流动形成的自然漂流航路。

三、开辟东北亚海上丝绸之路

徐福东渡日本,是中国航海史上的一个重大事件。徐福东渡开辟了东北亚多国之间的航海线路,促进了东北亚地区交通的发展。徐福东渡是一次有目的、有计划的行动,他经过多次沿海航行的探索,基本确定了经过朝鲜东渡日本的航向。徐福的船队在开启东渡扶桑之前,做好了充分准备。他们沿渤海湾航行,先抵达韩国东北部区域的济州岛、南海郡等地,与当地居民一起探讨海流流向和航行路线,然后确定了相对固定的航向,最后穿越对马海峡,抵达日本列岛西南端的九州有明海地区,开辟了横跨海峡的跨国航路。徐福东渡作为群体性、大规模、跨国界的远距离航海活动,是当时中国海上丝绸之路的一次重大创举,与以往先民的航海活动相比,具有划时代的历史意义和航海价值②。在某种意义上,徐福东渡成功以后,东北亚区域的海上丝绸之路完成了从萌芽到繁盛的过程,成为真正意义上的海上丝绸之路③。东北亚海上丝绸之路是中国、朝鲜半岛、日本半岛之间一条主要的航海大通道,也是该地区各国经济、科技、文化交流的历史见证。这条航路以秦朝时期徐福东渡为形成标志,谱写了中国航海史上的新篇章④。

① 史景峰.秦汉航海史研究[D].桂林:广西师范大学,2012.
② 李成林.公元前后的中西古航线试探[J].学术月刊,1980(03):77−81.
③ 李明山.东南沿海疍民与海上丝绸之路(上)[J].广东职业技术教育与研究,2017(05):76−79.
④ 邹振环.徐福东渡与秦始皇的海洋意识[J].人文杂志,2015(01):81−89.

第二章

汉朝航海家

第一节　汉　朝　概　述

一、汉朝的建立与灭亡

汉朝，公元前 206 年—公元 220 年，是中国历史上继秦朝之后的又一个大一统王朝，分为西汉、东汉时期，历经 29 帝，共存 405 年。秦末农民起义，刘邦推翻秦朝后被封为汉王。楚汉争霸，刘邦战胜项羽并称帝建立汉朝，定都长安（今陕西西安），史称西汉。汉文帝、汉景帝推行休养生息国策，开创"文景之治"；汉武帝即位后推行推恩令①、"罢黜百家，独尊儒术"②，加强中央集权，派张骞③出使西域，沟通中原与西域各国的联系，开辟陆上丝绸之路，并北击匈奴，东并朝鲜，攘夷扩土，成就"汉武盛世"；至汉宣帝时期，国力达到极盛，设立西域都护府，将西域纳入版图，开创"孝宣之治"。9 年 1 月，王莽废汉孺子（刘婴）为安定公，改元始建国，改国号为新，史称新莽，西汉灭亡。25 年，刘秀重建汉朝，定都雒阳，史称东汉。刘秀统一天下后，息兵养民，史称"光武中兴"；汉明帝、汉章帝沿袭轻徭薄赋，天下安平，百姓殷富，开创"明章之治"；汉和帝继位后励精图治，选贤纳谏，劳谦有终。军事上迫使匈奴西迁，派班超④经营西域，将丝绸之路延伸至欧洲。100 年，罗马帝国遣使来朝，东汉国力趋于极盛，史称"永元之隆"。190 年，军阀四起，天下大乱。220 年，曹丕篡汉，史称曹魏，汉朝

---

① 推恩令，汉武帝为了巩固中央集权而颁布的一项重要政令。这项政令要求由以前的各诸侯所管辖的区域只由其长子继承，改为其长子、次子、三子共同继承。按照汉制，推恩令下形成的诸侯国隶属于郡，地位与县相当。后来根据这项政令，诸侯国被越分越小，汉武帝再趁机削弱其势力。

② "罢黜百家，独尊儒术"是废除其他思想，只尊重儒家的学说，是由董仲舒于元光元年（公元前134 年）提出，由汉武帝颁布推行的统治政策，也是儒学在中国文化中居于统治地位的标志。这时的儒家思想，已非春秋战国时期儒家思想的原貌，而是掺杂道家、法家、阴阳五行家的一种新思想。

③ 张骞，约公元前 164 年—公元前 114 年，字子文，汉中郡城固（今陕西省汉中市城固县）人，曾奉命先后两次率队出使西域，打开了汉朝与中亚、西亚、南亚以至通往欧洲的陆路交通，即"丝绸之路"。张骞亦被誉为"丝绸之路的开拓者"。

④ 班超，32 年—102 年，字仲升，扶风平陵（今陕西省咸阳市）人。东汉时期著名军事家、外交家，史学家班彪的幼子，其长兄班固、妹妹班昭也是著名史学家。班超曾随窦固出击北匈奴，又奉命出使西域，收服了西域 50 多个国家，为西域的回归作出了巨大贡献，受封定远侯。

灭亡。

二、汉朝的海上交通活动

汉朝是古代中国真正打开国门走向世界的时代。西汉时期,南粤国与印度半岛之间的航线已经开通。汉武帝灭掉南越国后,凭借海路拓宽了海上贸易的规模,此时,"海上丝绸之路"兴起。东汉班固的《汉书·地理志》记载,其航线为:从徐闻(今广东徐闻县境内)、合浦(今广西合浦县境内)出发,经南海进入马来半岛、暹罗湾、孟加拉湾,到达印度半岛南部的黄支国和已程不国。这是关于海上丝绸之路最早的可见文字记载①。因此,从史料来看,通往印度洋的海上丝绸之路始于汉武帝,以徐闻、合浦为始发港。西汉开辟的海上丝绸之路,只能通到印度和斯里兰卡附近。印度洋西部直到罗马的航程,是由西域和罗马的商人来完成的。到东汉时,开辟了两条通罗马的航线。一条沿用西汉开辟的徐闻、合浦道。《后汉书》中记载,东汉"桓帝延熹九年(166 年),大秦王安敦遣使自日南徼外献象牙、犀角、玳瑁,始乃一通焉"。古时中国称罗马为大秦,这条记载说明中国与罗马最初直接发生往来,是通过徐闻、合浦道。另一条航线是从永昌郡到缅甸出海。这标志着横贯亚、非、欧三大洲的海上丝绸之路已初步形成,从中国广东番禺区、徐闻县,广西合浦县等港口启航西行,与从地中海、波斯湾、印度洋沿海港口出发往东航行的海上航线,就在印度洋上相遇并实现了对接,广东成为汉朝海上丝绸之路的始发地①。

中国古代与朝鲜半岛和日本列岛很早就通过东海航线(也叫"东方海上丝绸之路")往来。西汉时,卫氏朝鲜破坏与汉朝的盟约,攻杀辽东地方官吏,还破坏半岛上其他小国与西汉的交往,使渤海与黄海北部的航行被阻断。公元前 109年,汉武帝出兵朝鲜,遣左将军荀彘从陆路进发,又遣楼船将军杨仆率兵 5 万,从水路进发。历经一年,战事结束。西汉取得了对朝鲜半岛的控制,并在朝鲜设置了乐浪、临屯、玄菟与真番四郡。于是,北方海区的航路畅通起来,中国与朝鲜半岛、日本列岛之间的海上交往也得到了发展。东汉时在东方航路上,中国与日本等地区,有了更密切的海上往来。

三、汉朝的造船和航海技术

汉朝时期木帆船成了水上航行中最主要的交通工具。汉朝除了能造高十余丈,有三层楼的高大"楼船",及各种不同类型的船舶外,还发明了橹、船尾舵、风

---

① 李明山.东南沿海疍民与海上丝绸之路(上)[J].广东职业技术教育与研究,2017(05):76-79.

帆等,这些是汉朝造船技术高度发展的标志。

汉朝已能根据不同的用途和需要造成各种类型的船,如客船、战船、货船等。客船中又有官船、民船;民船中又有舸、艇、扁舟、轻舟、舫舟等;战船中又有弋船、桥船、艨艟、斗舰、楼船等。橹是秦汉时期船舶推进工具的一项伟大发明。东汉刘熙的《释名·释船》曰:"在旁曰橹。橹,膂也。用膂力然后舟行也。"最早的推进工具是木桨,通过划行使船舶前进,而橹则需要用手摇。橹由橹柄、橹板、二壮及橹索构成。在橹板上装一个叫"橹支纽"的带球顶的铁钉作为支点。在橹的中间有一块硬木块叫"橹垫",使用时将橹垫置于支点上。摇橹时,以橹支纽为支点,这样做既省力又能产生较大的推进力,是人力推进工具中具有高效率的船舶附属物。船尾舵是掌握船舶航向的工具,早在汉朝就已经出现。《释名·释船》中介绍:"其尾曰柁。柁,拖也。在后见拖曳也。且言弼正船使顺流不使他戾也。"这一时期的尾舵拖曳在船尾,又称为"拖舵"。风帆在这一时期得到改进。首先,帆的数量增加,多桅多帆的船舶出现;其次,帆的材质变化,硬帆的设计可以随风力的大小随意增减帆的面积,这是汉朝的船舶可以远洋航行的重要因素之一;最后,帆分为了大帆与小帆,且开始转向船舷之外,这样做是为了获取最大的风力。

汉朝时期,天文航海技术得到了进一步的发展。《汉书·艺文志》的"天文类"中有"海中占验"存目。航海有了这样的"海中占验"的卷册,就不难据以判定船舶所在的地域和指导航行的方向了。有了这种按星宿划分对应地面区域的方法,至少可使海上船舶不至于迷航①。此外,东汉丹阳太守万震著《南州异物志》,叙述了当时南海航海者的风帆驭风技术。书中记载了帆面悬挂的位置在驭风中的作用及帆面悬挂的样式与受风的关系②。海船在驭风航行时,随风向的顺逆不同而采取不同的帆位布置。船工有"船驶八面风"的说法,也就是帆船要利用各种风向来驭风航行。八面风指相对于海船航向的八种风向,即顺风,逆风,左、右侧风(即左、右横风),左、右斜顺风,左、右斜逆风。为了适应远洋航行的需要,汉朝的海船比先秦时代有了更大进步。最先进的远洋海船一般是四桅帆船,船帆不仅可以转动以适应不同风向,而且可随风力强弱变化而增减帆数,以充分利用风力行船③。

---

① 陈士松.古代海上丝绸之路之航海技术简述[J].文物天地,2020(02):89-91.
② 龙原,云霄.中国古代航海的最高点在汉朝吗?.中国社会科学报[N],2016-04-15.
③ 郑一钧.郑和下西洋对我国海洋科学的贡献[J].海洋科学,1977(02):7-19.

第二节　黄门译长——航海无名英雄

一、黄门译长

"黄门"一词，最初是表示古代宫廷中的禁门，始于秦朝。杜佑所著《通典·职官三》中记载："凡禁门黄闼，故号黄门。"此门由宦官把守，门内是皇帝日常起居之处，称为"禁中"。"禁中"戒备森严，臣官不得擅自进入。汉朝的"禁中"又称为"省中"。后来，"禁中"与"省中"被合称为"禁省"①。汉朝因以黄色象征着地位尊贵，将"禁省"门户涂以黄色，故称为"黄门"。因此，汉朝时"禁省"之内宦官的职务也多冠以"黄门"之名，如中黄门、小黄门、黄门常侍等；管理禁中宦者的官员称为黄门令、丞，所在官署因在禁门附近而称作黄门署或黄门寺。"黄门"甚至成了宦官的代称，在汉朝政治及宫廷活动中具有相当重要的地位及意义②。

"译长"，是汉朝设立的为外来朝贡使者翻译的官员，也有可能不是宦官，其从事一些接待及出使方面的翻译工作，其中最重要也是最经常的便是在有使者来访时充当媒介起到传情达意的作用③。班固《汉书·地理志下》中记载，在汉武帝晚年，即公元前 1 世纪初，"有译长，属黄门"，奉汉武帝之命，率领一群招募者，从我国北部湾的徐闻、合浦出发，驾驶船舶沿着海岸线前行经中南半岛和马来半岛，抵达印度洋诸国。因此，"黄门译长"不是特指一个人，而是在汉武帝晚年奉命远航至印度洋诸国的一批官员，虽然具体时间不详，具体参与航行的人员不详，但他们却是有史料记录的最早到达印度洋的中国人，是中国古代航海事业的无名英雄。

二、出海远航至印度洋诸国

班固在《汉书·地理志下》④中记载："自日南障塞、徐闻、合浦船行可五月，有都元国；又船行可四月，有邑卢没国；又船行可二十余日，有谌离国；步行可十余日，有夫甘都卢国。自夫甘都卢国船行可二月余，有黄支国，民俗略与朱厓相类。其州广大，户口多，多异物，自武帝以来皆献见。有译长，属黄门，与应募者

①　宋杰.黄门与禁省——汉代皇帝宫内居住区域考辨[J].南都学坛：南阳师范学院人文社会科学学报，2020，40（05）：1-16.

②　宋杰.汉代宫禁的黄门官署与员吏考论[J].南都学坛：南阳师范学院人文社会科学学报，2022，42（02）：1-13.

③　俄琼卓玛.汉代西域译长[J].西域研究，2006（02）：15-18118.

④　《汉书》卷28下《地理志下》，中华书局1962年点校本，P1671.

俱入海市明珠、璧琉璃、奇石异物，赍黄金杂缯而往。所至国皆禀食为耦，蛮夷贾船，转送致之。亦利交易，剽杀人。又苦逢风波溺死，不者数年未还。大珠至围二寸以下。平帝元始中，王莽辅政，愈耀德威，厚遗黄支王，令遣使献生犀牛。自黄支船行可八月，到皮宗；船行可二月，到日南、象林界云。黄支之南，有已程不国，汉之译使自此还矣[①]。"

黄门译长远航至印度洋的航线为：从今广东的徐闻县和广西的合浦县始航，经过 5 个月的航行，到达都元国；由都元国再航行 4 个月，到达邑卢没国；从邑卢没国再航行 20 余天，到达谌离国；从谌离国步行 10 余天，到达夫甘都卢国；从夫甘都卢国改乘船舶，向西航行 2 个月，便到达黄支国。黄支国的民俗与珠崖（今海南岛）相似。归程基本上按这一航线，只是增一停留点皮宗。从黄支国到皮宗航行 8 个月，从皮宗到日南郡的象林航行 2 个月。由黄支国继续向南航行，最远到达已程不国。

三、书写了 2 000 多年前航海的最高纪录

黄门译长航行经过的都元国、邑卢没国、谌离国、夫甘都卢国、黄支国、皮宗、象林、已程不国，这些国家具体在什么位置虽然在研究上还有所争议，但黄门译长率领"应募者"（包括水手、天文气象家、商贾等），长年累月不辞艰辛劳苦，万里迢迢到达印度洋诸国是不争的事实[①]。虽然黄门译长和"应募者"航行的航线在汉朝以前就已经存在，是许多国家经济文化交流的产物，但在此之前，由于造船技术和航海技术的限制，人们只能航行其中的某一两个航段。黄门译长和"应募者"这批大航海家，凭借汉朝比较先进的造船和航海科学技术（大量建造楼船、戈船等较大的海舶），以及海上天文学、气象学、航行技术等的进步，却能坚韧不拔，第一次航行了航线的全程，抵达了印度洋各主要地区，并在那里播下了友好往来的种子。他们长达"数年"之久的航海探险，航程达到万余海里，这是 2 000 多年前航海的最高纪录，是中国航海史上一桩划时代的创举。

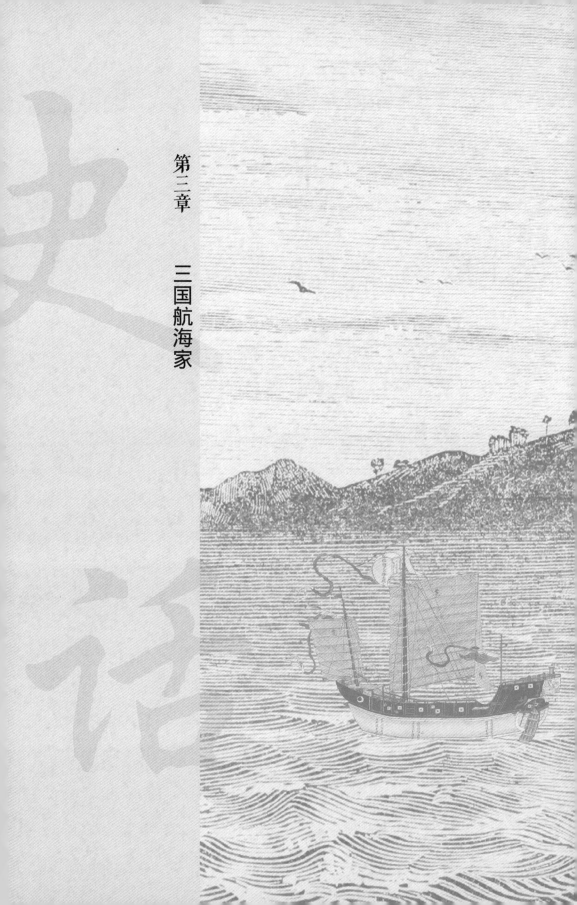

第三章　三国航海家

第一节　三 国 概 述

一、三国的建立与灭亡

三国，220年—280年，是中国历史上位于汉朝之后、晋朝之前的一段时期，先后出现了曹魏、蜀汉、东吴三个政权。184年"黄巾起义"爆发，在镇压"黄巾起义"的过程中形成了诸多地方割据势力。190年，汉朝的中央集权制度崩溃，军阀四起，天下大乱。曹操在官渡之战后，又通过北征乌丸以及平定辽东公孙康，基本统一了北方。208年曹操在赤壁之战中被孙权、刘备联军击败，被迫退回北方，奠定了三国鼎立的雏形。220年，汉朝丞相曹丕迫使汉献帝禅让帝位，定都洛阳，建国号"魏"，史称曹魏，标志着汉朝时代的正式结束。赤壁之战后，刘备乘势占据荆州五郡、益州、汉中郡等地，并于221年称帝，定都成都，史称蜀汉。229年孙权称帝，建国号"吴"，定都武昌，后迁都至建业（今江苏南京市），史称东吴。曹魏后期的实权逐渐被司马懿掌控。263年，曹魏的司马昭发动魏灭蜀之战，蜀汉灭亡。266年2月8日，魏国权臣司马炎迫使魏元帝禅让帝位，建国号为"晋"，史称西晋，三国时代结束，晋朝时代开始。280年，晋武帝司马炎大举伐吴，孙皓投降，东吴灭亡，至此统一全国。

二、三国的海上交通活动

秦汉时代，从渤海到南海的海上航路完全开通，向东扩展到日本，向西远达印度洋。东汉时期，曾有究不事（今柬埔寨）①、掸国（今缅甸）、叶调（今印度尼西亚爪哇岛或苏门答腊岛）等东南亚国家派遣使者访问中国，并到达京城洛阳②。在此基础上，三国时代的魏、吴两国，特别是吴国，在继续推进航海事业方面，取得了新的进展③。

---

① 许肇琳.究不事与柬埔寨辨[J].东南亚纵横，1992(03)：45-50.
② 许永璋.朱应、康泰南海诸国之行考论[J].史学月刊，2004(12)：25-30.
③ 朱子彦，周吉.三国时代的航海[J].航海，1980(06)：34-36.

魏国和日本交通频繁，曾在 240 年和 247 年两次派遣使节渡海前往日本。与魏国相比，吴国几乎全境都面临东海和长江，因而发展航运也最积极。230 年，吴国孙权称帝的第二年，"遣将军卫温、诸葛直将甲士万人浮海求夷洲、亶洲"①。这事起因于要寻找秦始皇派遣的方士徐福和那几千个童男童女的后代，当时传说他们入海求仙，留居在夷洲和亶洲，就在吴国建安郡所属侯官（今福州市）的海外，他们的后代还常来会稽郡贸易，互通有无。最终，虽然没有找到亶洲，却到达了夷洲（今中国台湾）。242 年，孙权派遣聂友、陆凯带 3 万人的船队远航朱崖、儋耳（今海南岛）。这样大规模的远航，发生于 1 700 多年之前，如此大规模的远航，可以说是史无前例的。在这两次大规模远航之间，孙权还多次派遣船队前往辽东半岛，其中规模较大的一次是在 232 年，船舶多至百余艘，与割据辽东的公孙氏联络，并进行商业活动。233 年孙权又派出一支船队，随船的士兵多至万人②。如此大规模地从东海远航辽东，中途还要通过魏国的海域，冒着随时会受到截击的危险，由此可以看出吴国航海的较高发展水平。

吴国的船队还具有远洋航行的能力。226 年，孙权派朱应、康泰统率庞大的船队出使南洋，历时 6 年。据《梁书·海南诸国传》记载："所经及传闻则有百数十国。"其中包括林邑（在今越南东南部）和扶南（在今柬埔寨和越南最南端）②。他们亲自游历过南洋群岛中的若干岛屿，并向其他旅游者探问通航大秦（即罗马帝国）的情况。归国以后，他们曾撰写了《扶南异物志》和《吴时外国传》两书，记叙当地风土、历史、人物，可惜几乎全部失传。这次南洋的航行，增进了中国和东南亚诸国的交往，并打通了中国到西洋（具体地说是地中海）的航海之门，为我国古代航海史写下了光辉灿烂的一页②。

三、三国的造船和航海技术

三国时代，沿海和长江一带分布着造船工场，蜀国僻处巴山蜀水，利用历史悠久的造船工场，建造了许多船舶在川江航行。魏、吴两国都有广阔的海面，极为重视海上交通②。魏国在山东半岛和渤海湾沿岸的青、兖、幽、冀四州建造海船。吴国在长江口的吴县（今江苏苏州市）和会稽郡（今浙江绍兴市）造船。吴国的造船业最为发达。吴国在沿海沿江一带的主要造船基地有永宁县（今浙江温州市），其附近有横屿船屯（今浙江平阳县），有建安的侯官（今福建福州市和霞浦县），还有南海的番禺（今广东广州市番禺区）。此外，吴国还设有典船校尉监督

---

① （晋）陈寿著；张婷婷注释.三国志［M］.北京：民主与建设出版社，2021.05.

罪犯造船①。

赤壁之战动用了千百艘战船,集中反映出长江流域造船能力已达到很高的水平。《孙皓传》中指出,长江之中共有"舟船五万余艘",还有排水量约 1 000 吨的大海船①。三国时期的造船技术水平还可以从当时的船具情况得到验证。当时船具已日臻齐备,船首有锚,船尾有舵、帆、棹、筛、梧、石碎等,其中帆和舵的发展最为迅速,已出现了四帆至七帆的多桅多帆船,特别是出现了能利用前侧风的平衡纵帆。欧洲在公元 7 世纪以后,才使用风可以转动的三角形纵帆,15 世纪才出现多桅多帆船。孙吴的丹阳太守万震所著的《南洲异物志》,对这种帆的性能有翔实的介绍:"随舟大小,或作四帆,前后沓载之。有庐头木,叶如蒲形,长丈余,织以为帆。其四帆不正前向,皆使邪移相聚,以取风吹。风后者激而相射,亦并得风力,若急则随宜增减之。邪张相取风气,而无高危之虑,故行不避迅风激波,所以能疾"②。这里记载得很清楚,帆不是正向前方,而是转至一个角度,帆的总面积是随风力大小而增减的,这种纵帆操作简便,转动灵活,适应不同的风向。它的出现在船帆的发展史上是很大的突破,为远洋航行提供了必不可少的条件②。

秦汉时代的船舶已开始使用舵。1955 年在广州发掘的东汉墓中,有一只陶制船模,船尾就设有舵。三国时,舵的性能更加灵敏。《魏略》中记载:"权乘大船来观军,公使弓弩乱发,箭着其船,船偏重将覆,权因回船,复以一面受箭,箭均船平,乃还。"这段史料不仅说明了三国时期在船舶产生倾斜危险时可采用对称加重的方法,恢复平衡,还可看出当时的船已能利用舵灵敏地回转调头,保持航向,具有良好的操纵性能②。

《南洲异物志》中记载:"出涨海,中浅而多磁石",这里的磁石并不是现代概念的磁铁,而是指那些隐伏在水底下的暗礁、浅滩。当船舶无意中驶上了这些暗礁、浅滩时,开又开不动,下又下不来,仿佛被磁铁吸住一般,因此船工们形象地称之为磁石。为了保证船舶安全行驶,当时远洋航行海船上的"篙工楫师选自闽禺"①,这表明三国时吴国南方的广东、福建船工掌握了很多的远航技术。

---

① 朱子彦,周吉.三国时代的航海[J].航海,1980(06):34 - 36.
② 朱子彦.三国时期的造船业[J].复旦学报(社会科学版),1984(03):107 - 109.

第二节　朱应、康泰——出使南海
诸国的文武组合

一、朱应、康泰生平简介

朱应,生卒年份不详,东吴时任宣化从事。康泰,生卒年份不详,东吴时任中郎将。约在245年,孙权派朱应、康泰率船队出使南海诸国,进行外交活动。他们远至林邑(今越南中南部)、扶南诸国。朱应是文官,康泰是武官。这一文一武两人是中国有历史记载有姓有名的最早航海到东南亚、南亚的航海家、外交家。据说他们经历的国家有一百几十个,两位航海家不仅完成了出访任务,还留下了宝贵的航海笔记。回国后朱应写下了《扶南异物志》《隋书·经籍志》《旧唐书·经籍志》《新唐书·艺文志》等有著录,可惜今已失传;康泰写下《吴时外国传》(也有称《吴时外国志》或《扶南记》《扶南传》)。《吴时外国传》虽也失传,但在不少史书中却留下了一些痕迹。最早见于北魏郦道元的《水经注》,以后是隋朝虞世南的《北堂书钞》,但主要见于唐、宋史籍中。散见于唐宋以前古籍中的《吴时外国传》,有70余条,共2 200多字,多半收入《太平御览》中。这些史料加深并丰富了对从中国南海到东南亚,越阿拉伯海,以至红海港口的古代航线的认识,是中国帆船投身大航海的较早记载。

二、奉命出使南海诸国

三国时期,由于政治形势的需要,地处中国东南的吴国,鼓励与南海诸国进行经济交易和文化交流。正在这时,有位大秦国商人来华进行访问。这位大秦国商人秦论,来自埃及的亚历山大城,他于公元 226 年由海路先到交趾(今越南北部),然后北上。秦论在华的 10 多年间,向孙权提供了从大秦到中国沿途所经诸国的很多情况。可能正是根据这些信息,孙权为了进一步加强交往,遂有派遣使节出访南海诸国之举。于是,约在 245 年,孙权派朱应、康泰率船队出使南海诸国,朱应、康泰出使南海诸国,《三国志》没有记载,而是记载于《梁书》。在《梁书》"海南诸国传·总叙"中云:"海南诸国⋯⋯吴孙权时,遣宣化从事朱应、中郎康泰通焉。其所经及传闻,则有百数十国,因立记传。"

朱应、康泰南海诸国之行,走的是从我国通往东南亚、南亚、西亚、非洲以及欧洲国家的南海航线,即南海丝绸之路。该航线开辟于西汉,发展于东汉和三国。朱应、康泰出使南海诸国,也是从会稽或东冶(今福州一带)出发,沿着传统的航线先到交趾,然后继续南下,遍访东南亚和南亚地区。朱应、康泰出访的重点是扶南[①],此外还有 31 个古国和地区。这 31 个国家和地区,是今天的什么地方? 其中有的已比较清楚,有的则较模糊,有的还无从考证。

三、撰写南海诸国最早的海洋专著

朱应、康泰出使扶南,这是我国古代对外交流中可以与西汉的张骞之行相媲美的壮举。回国后,朱应撰写了《扶南异物志》,但已失传。只有康泰所撰写的《吴时外国传》的部分内容,仍散见于我国诸多古籍中。此书是其出使扶南及南海诸国的真实见闻录,是研究东南亚、南亚乃至西亚国家古代史以及古代中国与亚非国家关系史的珍贵史料[②]。

《吴时外国传》比较全面地记载了扶南的政治、法律、风习、物产、造船、贸易、交通、对外关系等情况。同时,还记载了许多其他古国和地区的方位、交通、物产、贸易、人口、风俗、气候、服饰、宗教、工艺等情况。这些古国和地区大致分布在今天的越南、缅甸、泰国、马来西亚、菲律宾、新加坡、印度尼西亚、斯里兰卡、印度、伊朗一带。《吴时外国传》留下的残文片段虽只 2 000 多字,但却是中国古籍记述南海诸国最早的海洋专著,是研究古代南海交通、南亚诸国历史地理诸方面的珍贵史料,同时也是记述柬埔寨古代历史的最早史书。西哈努克亲王曾说过:

[①] 扶南,1 世纪—7 世纪,又作夫南国、跋南国,意为"山岳",是曾经存在于古代中南半岛上的一个古老王国。其辖境大致相当于当今柬埔寨全部国土以及老挝南部、越南南部和泰国东南部一带。扶南是历史上第一个出现在中国古代史籍上的东南亚国家,后为属国真腊所攻灭。在扶南和真腊的基础上后来演化出强盛的吴哥王朝。

[②] 郭振铎,张华腾.《吴时外国传》初探[J]. 殷都学刊,1989(03): 25 - 30.

"由于中国古代的朋友的介绍,世界其他国家知道了柬埔寨的文化、风俗、习惯和历史,在这些中国学者中,最有名的有康泰和朱应以及 13 世纪末的周达观。"①《吴时外国传》用实地材料证明,此时中国的海洋地理文献,在题材上趋于成熟,著述所依据的资料,大多是通过实际调查、统计而获得,已经褪去了先秦著述特有的虚幻色彩,科学性大大提高。

总之,康泰的《吴时外国传》是一部具有重大历史价值的史书,是关于柬埔寨古代史、扶南对外关系史、中柬关系史的最早著作,这部史书受到各国史学家的高度重视。朱应、康泰的杰出贡献,为后人所敬仰①。为纪念朱应、康泰对航海事业的贡献,1983 年我国分别以"朱应""康泰"命名了两处南沙群岛岛礁,即"朱应滩""康泰滩"。

---

① 郭振铎,张华腾.《吴时外国传》初探[J]. 殷都学刊,1989(03):25－30.

第四章　晋朝航海家

第一节 晋 朝 概 述

一、晋朝的建立与灭亡

晋朝，265 年—420 年，上承三国，下启南北朝，分为西晋与东晋两个时期。其中，西晋为中国历史上大一统王朝，两晋历经 15 帝，共 155 年。266 年晋武帝司马炎篡魏，建国号为"晋"，定都洛阳，史称西晋。280 年，西晋灭吴，完成统一，晋武帝大举改革促成"太康盛世"。后经历"八王之乱"和"永嘉之祸"，国势渐衰。313 年，晋愍帝迁都长安；316 年，西晋被匈奴所灭。317 年，西晋皇室南渡江南，司马睿在建邺（今江苏南京市）延续晋朝，史称东晋。东晋曾多次北伐中原汉地。383 年东晋与前秦淝水之战后，东晋以少胜多，得到暂时巩固。420 年，刘裕建立刘宋，东晋灭亡。晋朝的文化走向多元发展，是一个文化开创、冲突又融合的时代。儒教独尊的地位被打破，哲学、文学、艺术、史学及科技纷纷出现革新，有些成为独立的学问。晋朝思想有由本土发展的玄学、道教及由印度东传的佛教。边疆民族的草原文化与晋朝的中华文化逐渐展开文化交流，实现了民族融合。

二、晋朝的海上交通活动

晋朝海上交通活动高速发展。司马氏最早从事航海的是司马曹达，他是晋朝时在中原战乱中迁徙到日本的司马氏，曾经在 425 年代表日本航海到江南出使，可见他在日本已经生活一段时间了，是以前航海到日本的。晋朝在中原战乱后，北方晋人和南方晋人的联系基本上都是靠航海，如有辅佐刘琨镇守并州的温峤航海到江南劝司马睿称帝，苏峻南迁率数百户乘船航海南下，江统的后人航海到台湾。东晋时期，按照通常社会生产和商业贸易的分析，在北方战乱时期，陆路的商业通道经常受到破坏，丝绸之路的海上通道承担起贸易的主要功能。晋朝甚至向辽东的晋藩慕容氏运送物资军械上千万件，都是通过海上运输实现的。像北方的晋藩代国①派

---

① 代国，315 年—376 年，西晋时期鲜卑索头部首领拓跋猗卢建立的北方少数民族政权，是北魏的前身。

遣使臣韩畅,携带礼服前去册封,让代国继续保持晋藩地位,无疑也是从海路经东北完成。

海上交通在东晋是不断增强的,并且对世界贸易产生了影响。因为印度正是通过在中国和罗马帝国之间进行转口贸易,逐渐富裕强大,并且实现了统一。室利笈多在 308 年开始发展,到笈多王朝的旃陀罗一世 320 年开始强盛时,晋朝贸易转向通过海上丝绸之路为主,主要贸易都是通过航海实现,到沙摩陀罗时代,印度已经非常富强。晋朝的旅行家法显到印度时正是超日王统治时期,他在印度生活多年,详细记载了印度当时的情况,尤其是记载晋朝输出到印度的商品不再是半成品丝绸,已经有绢扇等制成品在印度销售,成为供佛的礼物。可见晋朝已经能生产适应印度热带气候条件的商品。法显通过航海回国,也记载了晋朝航海业的发展。晋朝通过航海贸易获取大量财富,维持多次北伐的开销,也能通过航海向北方晋藩调运大量物资补给,运送人员往返,可以说航海对晋朝来说是决定存亡的重要因素之一。

三、晋朝的造船和航海技术

晋朝航海业后来居上首先是由于造船业的发展。在三国时代就有司马朗负责造船,这无疑为司马氏积累了大量的造船经验。晋朝还能制造多种类型的大船,司马炎命令王濬等制造的战船已经能乘坐 2 000 人。晋朝能制造四帆海船,这是在双帆基础上有了更进一步的发展,晋朝的四帆船已经能通过调风,连续航行 15 昼夜不解帆。晋朝统一后,航海事业有了进一步的发展,主要是发明了指南舟等航海技术。

晋朝司马氏重视地理学,这也促进了航海技术的发展。从司马迁开始,首次对域外地理进行系统和详细的记载,《史记》中已经涉及当时几乎所有重要的国家。但是司马迁时代中国的航海业处于初期,海上地理知识少,在地图学方面也仍是简单原始的状态。司马昭执政时期,命令裴秀绘制详细的地图,这是推动中国地图学发展的重要事件,正是在裴秀绘制中国详细地图过程中,发明了先进的六体制图术,不仅让裴秀获得了"中国地图之父"的称号,也为晋朝能出海航行、更详细认识世界地理打下了基础。

东晋末年政局动荡,社会矛盾尖锐。卢循与孙恩率领百姓发起了反晋起义。卢循在浙东作战失利,于是率领起义军航海南下,占领了广州。他精心准备船舰器械,意图北伐,建造了八槽舰。卢循所建造的八槽舰,用七个舱壁将船体的底层分成了八个船舱。各舱单独密封,互相之间不会渗水,称为"水密"。《宋书·武帝纪》在记述晋朝孙恩、卢循率领船队进行海上大起义时曾说:"别有八槽舰九枚,起四层,高十二丈。"这项技术叫作水密隔舱技术。船舶在航行时即使触礁或遭遇炮火攻击,导致一两个船舱破损漏水,也不会影响到其他船舱,"八槽舰"因此而得名。水密隔舱是我国古代造船技术的重大突破,也是中国造船技术的一项重要发明①。中国水密舱壁的发明早了欧洲1 000多年,在世界造船史上具有重要的地位。

第二节 法显——最早写下"航海日志"的航海家

一、法显生平简介

法显,334年—420年,东晋高僧,本姓龚,东晋司州平阳郡临汾(今山西临汾地区)人,也有一说是并州上党郡襄垣(今山西襄垣市)人。中国佛教史上的一位名僧,一位佛教革新人物,第一位到海外取经求法的大师,杰出的航海家、旅行家和翻译家②。399年,法显从长安(今陕西西安市)出发,经西域至天竺寻求戒律,游历30余国,收集了大批梵文经典,前后历时14年,于413年归国,将佛教文化引入中国,对中国历史、文化产生了很大影响。法显有三个哥哥,都在童年夭亡,他的父母担心他也夭折,在他才三岁的时候,就送他到佛寺当了小和尚。20岁时,法显受了大戒(和尚进入成年后,为防止身心过失而履行的一种仪式)③。从此,他对佛教信仰之心更加坚贞,行为更加严谨,时有"志行明敏,仪轨整肃"之称誉。

二、陆路达印度 海路回国

399年,65岁的法显已在佛教界度过了62个春秋。60多年的阅历,使法显深切地感到,佛经的翻译赶不上佛教大发展的需要④。年近古稀的法显毅然决

---

① 蔡亭亭.东晋造船工艺绝活儿——八槽舰[J].百科探秘(海底世界),2018(03):28-30.
② 刘宁.法显与《法显行传》[J].唐都学刊,2010,26(01):81-85.
③ 杨博.宗教之旅 空灵激荡的山水清音[J].中国西部,2012(35):40-53.
④ 高山.愈老愈"疯狂"——中国第一位到印度取经的高龄僧人[J].世界文化,2019(06):39-40.

定西赴天竺(古代印度),寻求戒律。同年春天,法显同慧景、道整、慧应、慧嵬 4 人一起,从长安起身,向西进发,开始了漫长而艰苦卓绝的旅行。次年,他们到了张掖(今甘肃张掖市),遇到了智严、慧简、僧绍、宝云、僧景 5 人,组成了 10 个人的"巡礼团"。后来,又增加了一个慧达,总共 11 个人。"巡礼团"西进至敦煌(今甘肃敦煌市),得到太守李暠的资助,西出阳关渡"沙河"(即白龙堆大沙漠)。他们冒着生命危险勇往直前,走了 17 个昼夜,1 500 里[①]路程,终于渡过了"沙河"[②]。接着,他们又经过鄯善国(今新疆若羌)到了焉夷国(今新疆焉耆)。法显等穿越塔克拉玛干大沙漠,到达于阗国(今新疆和田),经过子合国,翻过葱岭,渡过新头了那竭国,经宿呵多国(今北印度,位于健驮罗国之西,乌仗那国之南)、犍陀卫国(今巴基斯坦东北部和阿富汗东部)而到了弗楼沙国(今巴基斯坦白沙瓦)[③]。后法显独自去了那竭国(今阿富汗贾拉拉巴德市),南度小雪山(即阿富汗苏纳曼山)到达罗夷国(西天竺,今阿富汗境内)。又经跋那国(今巴基斯坦北部之邦务),再渡新头河,到达毗荼国(今印度东南部)。接着走过了摩头罗国(古代印度重要城市,即今北方邦朱木拿河西岸的马土腊),渡过了蒲那河,进入中天竺(今印度)境内。

411 年 8 月,法显完成了取经求法的任务,坐上载有 200 人的印度式大商船,循海东归。舶行不久,即遇暴风,船破水入。商人为减轻船舶载重,险些要丢掉法显的佛像和佛经。幸遇一岛,补好漏处又前行。就这样,在危难中漂泊了 100 多天,甚至一度被海盗盯上,终于到达了耶婆提国(今印度尼西亚的苏门答腊岛,一说爪哇岛)。法显在这里住了 5 个月,又转乘另一条商船向广州进发。不料行程中又遇大风,船失方向,随风漂流。正在船上粮水将尽之时,忽然到了岸边。法显上岸询问猎人,方知这里是青州长广郡(山东即墨)的劳山。青州长广郡太守李嶷听到法显从海外取经归来的消息,立即亲自赶到海边迎接,时为 412 年 7 月 14 日。法显 65 岁出游,前后共走了 30 余国,历经 13 年,回到祖国时已经 78 岁了[④]。

三、撰写了南海交通史巨著的《佛国记》

法显是中国经陆路到达印度并由海上回国而留下记载的第一人。法显回国

---

①　1 里＝500 米。

②　于怀瑾. 法显行程与《法显传》的成书[J]. 烟台大学学报(哲学社会科学版),2021,34(06):58-66.

③　阳清. 法显《佛国记》中的苦难叙事[J]. 山西师大学报(社会科学版),2017,44(05):59-64.

④　介子平. 三晋人物代有杰出(一)[J]. 山西社会主义学院学报,2011(01):67-74.

后还将自己西行取经的见闻写成了一部不朽的世界名著——《佛国记》①。《佛国记》全文 9 500 多字,别名有《法显行传》《法显传》《历游天竺纪传》《佛游天竺记》等。它在世界学术史上占据着重要的地位,不仅是一部传记文学的杰作,而且是一部重要的历史文献,是研究当时西域和印度历史极其重要的史料。法显去印度时,正是印度史上的黄金时代——芨多王朝(320 年—480 年)有名的超日王在位的时代,关于芨多王朝古史缺乏系统的文献记载,超日王时的历史,只有依靠《佛国记》来补充②。此外,《佛国记》也是中国南海交通史上的巨著。《佛国记》包含了法显的"航海日志",上面记述了法显从印度洋多摩梨帝国前往狮子国,再从南海返回中国的海上航行活动的全过程。法显记载了每一航次的起航日期、航向、航程、天候、海况以及航行中所发生的重大事故。中国与印度、波斯等国的海上贸易,早在东汉时期已经开始,而史书上却没有关于海风和航船的具体记述。《佛国记》对信风和航船的详细描述和系统记载,成为中国最早的记录③。法显以年过花甲的高龄,完成了穿行亚洲大陆又经南洋海路归国的远途陆海旅行的惊人壮举。他留下的杰作《佛国记》,不仅在佛教界受到称誉,而且也得到了中外学者的高度评价④。法显之后,更多的佛教徒乘坐着商船来往于中印,他们中很多都对我国航海事业作出了重要贡献。为纪念法显对航海事业的贡献,1983 年我国以"法显"命名了一处南沙岛礁,即"法显暗沙"。

① 宋立道.法显西行求法及其意义[J].佛学研究,2011(00):80 - 85.

② 阿润库玛尔亚达夫.佛教僧侣在加强中印关系中的所扮演的角色[C]//中国友谊促进会,四川大学南亚研究所.第三届中国—印度—尼泊尔佛教文化研讨会论文集.第三届中国—印度—尼泊尔佛教文化研讨会论文集,2019:33 - 40.

③ 滕玲."此是蓬莱真境界　更于何处觅仙堂"仙堂山:晋东南边陲"小蓬莱"[J].地球,2019(06):96 - 99.

④ 高山.愈老愈"疯狂"——中国第一位到印度取经的高龄僧人[J].世界文化,2019(06):39 - 40.

第五章　隋朝航海家

第一节　隋　朝　概　述

一、隋朝的建立与灭亡

隋朝,581年—618年,是中国历史上承南北朝、下启唐朝的大一统朝代,历经文、炀两帝,共存38年。581年2月,北周静帝禅让于杨坚,杨坚改国号为"隋"。杨坚即隋文帝,定都大兴城(今陕西西安市),北周覆亡。589年2月,隋军攻入江宁(今江苏南京市),俘虏了陈后主,陈覆亡。590年9月,隋派使臣韦洸等人安抚岭南,冼夫人率众迎接隋使,岭南诸郡悉为隋地,隋朝完成了全国统一,结束了自西晋末年以来中国长达280多年的分裂局面。

604年,隋炀帝杨广即位,营建东都(今河南洛阳市),又修建了贯通南北的大运河。然而,隋炀帝在位期间,内外举措过度消耗国力,多次发动战争劳民耗财,引发民变。617年5月,太原留守、唐国公李渊于晋阳(今山西太原市)起兵,11月占领大兴城,拥立隋炀帝第三个孙子代王杨侑为帝,改元义宁,即隋恭帝,李渊自任丞相,进封唐王。618年4月,宇文化及、司马德戡与裴虔通等人发动兵变,杀隋炀帝,拥立隋炀帝侄子杨浩为帝。不久宇文化及又杀杨浩自行称帝,改国号为"许"。618年6月,李渊逼迫隋恭帝禅位,正式称帝,改国号为"唐",建立唐朝,是为唐高祖。此年6月,洛阳都城留守"七贵"[①]在得知隋炀帝死讯后拥立隋炀帝次孙越王杨侗为帝,改元皇泰,即隋末帝。619年2月,宇文化及被唐将李神通与夏王窦建德联合剿灭,5月王世充逼杨侗禅位,2个月后弑之,隋朝彻底灭亡。

二、隋朝的海上交通活动

隋朝虽然历时只有短短30多年,但是对于我国古代海上交通和航海事业发

---

① 洛阳七贵指隋末越王杨侗称帝后,分封了7个高官,分别是:段达、王世充、元文都、卢楚、皇甫无逸、郭文懿、赵长文等7人,当时洛阳人称这7人为"七贵"。

展的影响却不容忽视。一是继续发展我国大陆沿海和台湾之间的航运。隋炀帝杨广在607年和608年，两次派朱宽航海前往台湾"慰谕"；610年，又命陈棱和张镇州等人，从义安郡(今广东潮州市)航海出发，到达台湾进行"慰谕"。可见台湾与祖国之间一直存在着航海通商政治等联系，而自隋以后关系更密切了。二是开展南洋方面的航海活动。隋炀帝杨广在607年[①]10月派常骏、王君政等率领船队出使赤土国(今马来半岛南部与苏门答腊之部分)，巩固了隋朝至东南亚的海上丝绸之路。三是发展东北方面的海上交通，巩固了由东莱郡(今山东莱州市)出发直航平壤，以及由江淮(今江苏东海岸)出发，先到东莱，再向平壤的两条通往高丽的海上航线，并在608年派鸿胪卿掌客裴世清等人率船队赴日访问。

三、隋朝的造船和航海技术

隋朝的造船技术，较之前的朝代又有了更大进步。隋朝时期的船舶建造广泛采用榫接结合铁钉钉联的方法，这比用木钉、竹钉连接要坚固牢靠得多。隋炀帝曾建立过一支相当强大的水师，《隋书》卷四《炀帝本纪下》中记载："舟舻千里，高帆电逝，巨舰云飞，横断浿江[②]。"隋炀帝巡游江都时造的龙舟有甲板四重，高45尺[③]，长200尺，上面有正殿，东西朝堂，四周是轩廊，中间两层有120个房间。虽然这种船不能用于实际上的航运，但是要建造这样坚固和载重量巨大的船是需要很高技能的。隋炀帝还造过各种杂船数万艘，如"浮景""漾彩""朱鸟"等，表明当时造船技术的发达程度。此外，杨素在平陈时，在永安造过大战船，称为"五牙"，上面起楼五重，高百余尺，左右前后各置六拍竿，并高50尺，用以拍击敌舰。这种战舰可容战士500人。据《杨素传》记载，平陈时一举就击碎陈军战船十余艘，足以说明"五牙"是一种优秀的战船。肖诃摩等人草拟的《伐陈檄》中记载："西自巫峡，东达沧海，巨舰覆波涛，楼船出云雾"，说明了此类船舶的众多。这种可载五百人的战船比法显回国时所乘的锡兰"商人大舶"要大多了。

隋朝时期的航海技术也得到了进一步的提高。人们在运用季风航行、天文、地理、导航水平等方面都有了明显的进步，对潮汐知识也有了进一步的理解和应用。

---

① 又有一说是大业四年(608年)，参见：张玉兴.中华书局校点本《通典》献疑十则[J].枣庄学院学报，2016,33(06)：13-16.

② 浿江，今朝鲜青川江(清川江)和大同江的古称。

③ 1尺≒33.333 3厘米。

第二节　常骏——巩固隋朝至
东南亚航线的航海家

一、常骏生平简介

常骏，生卒年份不详，籍贯不详，隋炀帝时任屯田主事①。曾于 607 年 10 月同虞部主事王君政等奉隋炀帝之命率领船队出使赤土国（今马来半岛南部与苏门答腊之部分）。610 年春，与赤土国的使者那邪迦，经交趾（今越南北部）一同回到长安，使隋朝与赤土国及南洋数国建立邦交，互通使节。回国后授执戟都尉。

二、奉旨远航马来半岛赤土国

607 年 10 月，隋炀帝派屯田主事常骏、虞部主事王君政等出使赤土国。《隋书·赤土传》有记载："炀帝即位，募能通绝域者。大业三年，屯田主事常骏、虞部主事王君政等请使赤土。帝大悦，赐骏等帛各百匹，时服一袭而遣。赍物五千段，以赐赤土王。其年 10 月，骏等自南海郡乘舟，昼夜二旬，每值便风。至焦石山而过，东南泊陵伽钵拔多洲，西与林邑相对，上有神祠焉。又南行，至师子石，自是岛屿连接。又行二三日，西望见狼牙须国之山，于是南达鸡笼岛，至于赤土之界。其王遣婆罗门鸠摩罗以舶三十艘来迎②，吹蠡击鼓，以乐隋使，进金锁以缆骏船。月余，至其都，王遣其子那邪迦请与骏等礼见。"

这段记录的意思是说炀帝即位后，招募天下"能通绝域者"，即想找人到海外去看看。屯田主事常骏、虞部主事王君政应征。炀帝非常高兴，命常骏带着财物 5 000 段，去寻找赤土国，并把财物赏给赤土国国王。常骏船队从南海郡（今广州市）出发，昼夜二旬，经过经中国西沙群岛，至焦石山（今越南象山），向东南至陵伽钵拔多洲（今越南归仁北燕子岬湾内的一岛屿），再向南航行到师子石（今泰国湾中的一岛屿），自此"岛屿连接"，进入暹罗湾（今泰国湾）。再沿着海岸航行，西

---

① 屯田主事和虞部主事隶属尚书省工部，前者负责农民和军队的开荒种田，后者负责山泽、苑囿、供顿等。

② 《隋书》卷 82《赤土传》，中华书局 1973 年点校本，P1834－1835.

面可以看见狼牙须国的山(今马来半岛中部北大年一带)。再向南航行,过鸡笼岛(今马来半岛东海岸的吉兰丹),就抵达了位于今马来半岛南部的赤土国。赤土国国王派了 30 艘大船前来迎接,并赠送金锁来揽住常骏靠岸的船舶。常骏等人上岸后又行走了 1 个多月,方才到达赤土国首都僧祇城(今马来半岛南端的新加坡岛)[①]。

常骏等人受到赤土国国王的热情款待。常骏船队等回国时,《隋书·赤土传》[②]有记载:"既入海,见绿鱼群飞水上。浮海 10 余日,至林邑东南,并山而行。其海水阔千余步,色黄气腥,舟行一日不绝,云是大鱼粪也。循海北岸,达于交阯。骏以六年春与那邪迦于弘农谒,帝大悦,赐骏等物 200 段,俱授秉义尉,那邪迦等官赏各有差。"意思是说赤土国国王又请常骏带王子那邪迦跟随回访。610 年春,炀帝在今河南灵宝接见了赤土国王子,赏赐了王子,授常骏等为执戟都尉。

三、巩固了隋朝至东南亚的海上丝绸之路

常骏回国后,把出使见闻写成《赤土国记》二卷,但此书已失传,只有部分内容保存在《隋书·赤土传》中,记录了赤土国的面积、位置、首都建筑、民俗、衣饰、制度、宗教、气候、物产等。常骏到达赤土后,以赤土国为中心,四处交往,派出数名使者前往南洋地区未曾与隋朝建交的国家,使南洋十多个国家与隋朝建立了交流。在常骏的努力下,从马来半岛到爪哇岛,大半个东南亚都与隋朝建立了邦交,巩固了隋朝至东南亚的海上丝绸之路。更为伟大的是,在南海,常骏记录了他经过的每一处暗礁,而这些暗礁也在此时被纳入了隋朝的版图,为中国对南海诸岛拥有主权提供了法理基础。为纪念常骏对航海事业的贡献,1983 年我国以"常骏"命名了一处南沙群岛岛礁,即"常骏暗沙"。

第三节　裴世清——巩固中日友好
关系的航海家

一、裴世清生平简介

裴世清,又名裴清,生于河东闻喜(今山西闻喜裴柏村),出身于数百年名门

---

① 韩振华. 常骏行程研究[J]. 中国边疆史地研究,1996(02):3-6,28.
② 《隋书》卷 82《赤土传》,中华书局 1973 年点校本,P1835.

望族——闻喜裴氏①，生卒年份不详，仕途历经隋唐二代。隋朝时任文林郎②、鸿胪卿掌客③等职，唐朝时任驾部郎中、江中刺史等职。虽说他的政绩很少为后人所知，但他在609年奉隋炀帝之命率领隋朝第一个政府级使团出海航行访问日本，为发展中日友好关系作出过贡献，因而流传史册。

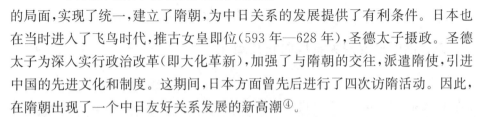

二、奉命率首个政府级使团出海访问日本

589年，我国结束了南北朝长期分裂割据的局面，实现了统一，建立了隋朝，为中日关系的发展提供了有利条件。日本也在当时进入了飞鸟时代，推古女皇即位（593年—628年），圣德太子摄政。圣德太子为深入实行政治改革（即大化革新），加强了与隋朝的交往，派遣隋使，引进中国的先进文化和制度。这期间，日本方面曾先后进行了四次访隋活动。因此，在隋朝出现了一个中日友好关系发展的新高潮④。

裴世清奉命率船队出访日本，源自对日本使臣小野妹子⑤访问隋朝的回访。608年4月，日本使官小野妹子一行抵达洛阳，并向隋炀帝呈递国书。这次圣德太子派小野妹子来隋，是为了向中国学习佛教方面的知识。除此之外，隋先进的生产技术和文化也在学习之列。由于日本在国书抬头处写道"日出处天子致书日没处天子无恙"，属于严重的僭越行为，因而令隋炀帝勃然大怒，说蛮夷的国书极其无礼，以后不再理睬。尽管如此，由此开始的中日友谊并未受到损害。第二年，即609年，隋炀帝改变了主意，决定派裴世清作为使者回访日本，一来为安抚该国，二来考察对方的国情和虚实。

裴世清率领的访日代表团由13人组成。船队赴日的航线是南朝以来，中日

① 闻喜裴氏详见中央纪委国家监察委员会网站客户端之"走进山西闻喜裴氏"，http://m.ccdi. gov.cn/content/ab/95/5418.html.

② 闲官，隋文帝在公元586年设置为八郎之一，从九品上，隋炀帝在公元607年废罢。

③ 按照隋唐官制，鸿胪寺主掌朝会仪节，兼掌接待外国使节，职能类似于今天的外交部，长官为鸿胪寺卿，而鸿胪卿掌客从字面意义上来理解，应属于专掌外交接待事务的中层官员。

④ 刘锡海.中日友好的使者——裴世清[J].长春师范学院学报，1996(01)：18-19.

⑤ 小野妹子，约公元565年—625年，日本飞鸟时期的政治家。根据《日本书纪》中记载，公元607年和608年，小野妹子以遣隋使的身份来到隋朝，到访隋朝东京洛阳。在隋朝时其汉名为"苏因高"，为其日本名的汉语谐音。虽然名为"妹子"，却是男性（当时"子"字男女皆可用）。

间长期往来的航线,即从山东渡海至百济①,再从百济航海到日本难波津(位于今大阪湾沿岸),途中经过竹岛、耽罗国(今韩国济州岛)、都斯麻国(今日本对马岛)、一支国(今日本壹岐岛)、竹斯国(今日本筑紫)等地。609 年 4 月,裴世清使节团在小野妹子陪同下,到达筑紫。日本朝廷派吉师雄成,以 30 艘装饰华丽的船舶迎接隋朝来使,使团于 6 月 15 日到达难波津,在高丽馆中新设的馆舍下榻。在此停留了 50 日之后,裴世清一行于 8 月 3 日在日本朝廷的隆重欢迎下进京②。从上述欢迎盛况,可见日本对隋朝首次来使的重视。8 月 12 日,裴世清等觐见日本天皇,献上方物和国书。

裴世清在日本京城逗留了一个月后,向日本天皇辞行。9 月 11 日,裴世清一行从难波津出发启程归国。日本又派小野妹子为专使,护送裴世清一行返回隋都,同行的还有日本首批来华留学生、学问僧 8 人。至此,中日正式缔交,两国使者、学者、学生的交往此后络绎不绝,到唐朝达到高潮②。

三、把中日友好关系推向新高潮

在隋朝河东裴氏中,裴世清是一个不被人注意的人物。然而,他对中日两国的友好关系发展作出了重大贡献。中日两国是一衣带水的友好邻邦,两国人民的友好交往历史悠久,源远流长。他们越过高山大海,冲破惊涛骇浪,在频繁的往来接触中,加深了对彼此的了解,互相学习,取长补短,提高了自己,增进了友谊②。裴世清率船队访日,直接推动了隋朝中日关系的发展,加深了对邻邦的了解,把中日间长期以来友好关系的发展推向了一个新高潮。作为一代航海家、外交使者,裴世清的名字将永远铭刻在中日友好关系的史册上。

裴世清的访日及日方访隋的中日友好活动推动了日本的"大化革新"。日本孝德天皇吸取了中国的法、儒、墨诸家及佛家的思想,根据日本当时的实际需要,制定了《十七条宪法》。《十七条宪法》贯穿了中国法家的"明分使群"思想和儒家的"君臣父子"的严格等级观念,标志着日本社会由奴隶制过渡到封建制。大化革新的核心人物,有不少是在隋朝学习后归国的留学生和学问僧,他们在大化革新中发挥了重要作用,成为日本政治革新家和改革的先行者。例如,留学生高向玄理在大化革新时任国博士;学问僧旻法师在大化革新时也任国博士,更因在革新政治方面有功,被推举为十师之一;学问僧灵云、惠云也是十师的成员。他们

---

① 百济,是扶余人南下朝鲜半岛西南部(现在的韩国)所建立的国家(也有观点认为百济是由马韩土著民族建立),与当时朝鲜半岛的另外两个王国高句丽和新罗,形成持续了数百年之久的朝鲜三国时代。

② 刘锡海.中日友好的使者——裴世清[J].长春师范学院学报,1996(01):18-19.

在隋朝时来到中国，在唐初回国，把中国先进文化带回日本，推动了日本的政治改革。隋朝时期中日间的友好往来，不仅推动了日本的政治改革，也推动了日本农业经济的发展。日本飞鸟时代（593年—710年）和奈良时代（710年—794年）各位天皇纷纷效仿我国隋朝以来重视农业发展的举措①。

另外，日本与饮食内容相关的筷箸文化也是由裴世清一行访问时带入的。据日本学者山内昶先生考证，推古十六年（608年）日本宫中设宴招待隋朝使者裴世清等人时，"席间采用中国餐桌礼节，以两双筷子和汤匙作为正式餐具，摆放在餐盘内，这是日本最早使用筷子的正式记录"②。源自中国的筷箸文化，在裴世清引入日本后得到长期的发展，现已成为日本文化的典型代表。

---

① 刘锡海.中日友好的使者——裴世清[J].长春师范学院学报,1996(01)：18-19.
② 姚伟钧.中国与东北亚饮食文化交流的历史考察及启示[J].社会科学战线,2009(06)：156-161.

第六章　唐朝航海家

第一节 唐 朝 概 述

一、唐朝的建立与灭亡

唐朝,618 年—907 年,中国历史上继隋朝之后的大一统中原王朝,历经21 帝,享国 289 年,是中国历史上一个极其昌盛强大的朝代。隋朝末天下群雄并起,唐国公李渊趁势在晋阳起兵,于 618 年称帝,建立唐朝,定都长安(今陕西西安市)。690 年,武则天改国号为武周,705 年神龙革命后,恢复唐朝国号。唐玄宗登基后缔造"开元盛世",使唐朝达到全盛时期。安史之乱后接连出现藩镇割据、宦官专权现象,国力渐衰。后历经唐宪宗元和中兴、唐武宗会昌中兴及唐宣宗大中之治,国势复振。878 年爆发的黄巢起义,破坏了唐朝统治根基。907 年藩镇将领朱温篡唐,唐朝灭亡。

唐朝在政治、经济、社会、文化、外交等方面均达到了较高的成就,是当时的世界强国之一。唐朝周边属国如新罗、高句丽、百济、渤海国、日本等在其政治体制与社会文化等方面都受到唐朝很大的影响。唐朝是一个开放型的社会,中外经济文化交流十分频繁,和唐朝往来的国家甚多。因而,唐朝时中外经济文化交流,有了进一步的发展,唐朝成了亚洲各国经济文化往来的中心。随着国际交往的活跃,唐朝的对外交通日渐发达。在陆路方面,往西由长安经过甘肃和新疆,可到中亚、西亚和南亚的巴基斯坦、印度;往东由河北经辽东可到达朝鲜半岛。在海路方面,往西由广州经过南洋可到波斯湾;往东由登州(今山东蓬莱市)、楚州(今江苏淮安市)、扬州、明州(今浙江宁波市)等地,可到达朝鲜和日本①。

二、唐朝的海上交通活动

唐朝时期的国力到达一个新的高峰,航海事业也得到进一步发展。同时在唐朝中期,"海上丝绸之路"的发达程度已经超过了"陆上丝绸之路"。这一时期

---

① 史仲文,胡晓林,梁鸿飞,等.中国全史 45:中国隋唐五代宗教史[M].人民出版社,1994.

的海上丝绸之路航线主要有三段：第一段航路是从广州出发，沿着南海的印支半岛东岸而行，然后穿过暹罗湾，顺马来半岛东岸南下，航至苏门答腊岛东南部，再驶达爪哇岛；第二段航路是由新加坡附近折向西北航行，穿过马六甲海峡，再经过尼科巴群岛，横越孟加拉湾，而到达印度半岛南端，继而沿印度半岛西岸东北方向航行，通过霍尔木兹海峡而到达波斯湾，然后沿着底格里斯河往上游航行，抵达阿拉伯首都巴格达；第三段航路是由波斯湾头的奥波拉和巴士拉分宗，再驶出霍尔木兹海峡，接着沿阿拉伯半岛南岸西航，经过今巴林、阿曼、也门等海岸，航行到红海口，最后穿越曼德海峡，南下到达东非海岸[①]。

随着隋唐时期"海上丝绸之路"的全面繁荣发展，为了更好地适应新的海上贸易形势，加强对航海贸易的管理，唐朝政府改变方法，设置了专门从事航海贸易的管理机构——市舶司加强对海上贸易的管理。根据《唐会要》中的记载："开元二年十二月，岭南市舶司右威卫中郎将周庆立，与波斯僧等广造奇器异巧以进。"唐朝政府积极施行开放政策，海外贸易和海运事业得以发展，为海船提供靠泊、补给、货物装卸以及货物集散服务的大型航海贸易港迅速发展起来，其中最具有代表性的是交州港（即比景港，位于今越南广平省巴洞以北）和广州港[②]。唐朝是中国古代航海的黄金时代，社会安定、经济发达、科技文化领先对于中国古代航海事业的发展都具有很大的推动作用。从这一时期起，我国的航海事业开始进入了全面繁荣的黄金阶段。

三、唐朝的造船和航海技术

在造船方面，唐朝就已经能够成批建造和装备远洋船队。唐朝海船"大者长二十丈，载六七百人"。有一种名曰"俞大娘"的大舶，其载重量可达 1 万石[③]。唐朝的海船，无论是船体结构还是载重量，均超过当时其他国家的船舶。在海外贸易中，各国商船抵达故临（今印度奎隆）时，每艘唐朝船舶按载货多少所缴纳的关税，是每艘外国船舶的 5～45 倍[④]。唐朝海船不仅在船舶尺度上超过前朝海船，而且在造船技术上也取得了一系列的突破。当时，西方木帆船纵向主要构件是龙骨，唐船为增加纵向强度，不仅靠龙骨，也靠两侧船舷增装的设备来加持，并视船型不同，沙船（北方平底海船）又比福船（南方尖底海船）增装更多的设备。

---

① 孙光圻. 中国航海历史的繁荣时期——隋唐五代（589 年—960 年）[J]. 世界海运, 2011, 34(07): 53-55.

② 张诗雨. 我国古代海运事业的繁荣与衰落——《海上丝路叙事》系列之八[J]. 中国发展观察, 2016(08): 57-59, 64.

③ 石为容量单位，10 斗为 1 石。

④ 龙原, 云霄. 中国古代航海的最高点在汉朝吗?. 中国社会科学报[N], 2016-04-15.

为了增强船舶的横向强度,唐朝海船采用较多短间距的横舱壁,在受力较大的地方,更设有粗大的面梁,这也是唐朝造船技术优于汉朝造船技术的地方①。

唐朝时期的航海技术也有了进一步的发展,主要体现在四个方面。第一,季风航海技术。季风航海技术在这一时期已经趋于成熟,唐朝将定期而来,并可有助于航行的季风称为"信风"。通过长期的航海实践与探索,我国当时的航海者已经对北起日本海、南至南海的季风规律有了正确和清晰的认识,并成功地应用在航海活动中②。第二,地文航海技术。唐朝的地文航海术出现了新的进展:一些带有早期航路指南性质的文字记载出现于史籍中;已经开始使用较为精确的航海工具来测量海岸或海中的地形、地物的距离与高度;对海岸地形与海洋地貌的辨认知识日益增多。第三,天文定位导航技术。在唐朝已经有关于天文定位导航的记载,沈佺期所著《度安海入龙编》中记载:"北斗崇山挂,南风涨海牵"。第四,海洋潮汐理论。唐朝对于海洋潮汐的认识达到了新的高度。窦叔蒙所著的《海涛志》是我国现存最早的关于海洋潮汐的著作。书中详述了潮汐随着月球运动而"轮回辐次,周而复始"的三种变化周期及其对航海实践的影响③。

第二节　义净——海上丝绸之路的"唐三藏"

一、义净生平简介

义净,635 年—713 年,唐齐州(今山东济南市)人,俗姓张,字文明,幼年出家,天性颖慧,遍访名德,博览群籍。15 岁就仰慕法显、玄奘西游,20 岁受具足戒。671 年,义净经由广州,从海路出发,经室利弗逝(苏门答腊巴邻旁)到达天竺(今印度),一一巡礼鹫峰、鸡足山、鹿野苑、祇园精舍等佛教圣迹后,在那烂陀寺勤学11 年,后又到苏门答腊游学 7 年。义净游历了30 余国,记录了印度及其所历南亚诸国所行佛

①　龙原,云霄.中国古代航海的最高点在汉朝吗?.中国社会科学报[N],2016 - 04 - 15.
②　孙光圻.中国航海历史的繁荣时期——隋唐五代(589 年—960 年)[J].世界海运,2011,34(07):53 - 55.
③　张诗雨.我国古代海运事业的繁荣与衰落——《海上丝路叙事》系列之八[J].中国发展观察,2016(08):57 - 59,64.

教仪轨 40 条,寄给国内。回国时,义净携带约 400 部梵本经论、300 粒舍利到达洛阳。武则天对义净的归来十分重视,不仅派出使者前往迎接,而且亲自率众人到洛阳上东门外迎接,并赐予他"三藏"称号,诏命义净住在洛阳佛授寺。713 年正月,义净在长安荐福寺经院圆寂,享年 79 岁,葬于洛阳北原上,建有灵塔。758 年,以该塔为中心,建立了金光明寺①。义净是我国佛教著名翻译家之一,与鸠摩罗什、真谛、玄奘共称"四大译经家"。他共译经、律、论 61 部,239 卷。著有《南海寄归内法传》四卷、《大唐西域求法高僧传》二卷,并首传印度拼音之法。

二、海路达印度　海路回国

670 年,义净在长安结识了并州的处一法师和莱州的弘祎法师,三人志同道合,相约赴印度取经。当时前往印度的途径主要有三条,陆上的"丝绸之路"因西域动乱而阻隔不通,吐蕃道则不仅道路艰险而且常受唐蕃关系的影响,安全不能保障。相对而言,海路则较为通畅。唐朝强大富庶,南亚和西亚诸国纷纷前来贸易,海舶在广州云集,搭乘商船赴印度求法取经,成为义净等人的一致选择①。671 年秋,义净接受龚州(今广西平南县)使君冯孝诠的邀请,一同到达广州。冯孝诠及其家人皆笃信佛教且家资雄厚,他们敬佩义净西天取经的志向,遂资助义净等人的西行费用,冯孝诠还与波斯船主商定,允许义净等人搭船前往印度。当时的广州,万商云集,是唐朝南方海上交通的中心,港中停泊着婆罗门、波斯、狮子国、大食等国的船舶,这些海船一般形体较大,船深往往有六七丈,满足海上航行的要求。义净深知此去印度的艰难,遂在等船期间返回齐州,向慧智禅师等故乡师友告别。再回广州时,同行者只有门人善行,其他人都因故罢退①。

海船从广州出发后,义净在其著作中,如是描述了旅途中的艰难:"长截洪溟,似山之涛横海;斜通巨壑,如云之浪滔天。"经 20 天左右,义净到达室利佛逝(今苏门答腊)。义净在这里停留了半年学习佛学,之后在室利佛逝国王的大力支持和资助下,来到其属国末罗瑜国(位于今马来半岛的南端)。2 个月之后,又乘船向北航行 15 天,抵达羯荼国(位于今马来西亚吉打州一带)。673 年 12 月,义净乘王船向西航行,抵达裸人国(位于今孟加拉湾尼科巴岛),再转而向西北航行约半个月,于 673 年的 2 月到达东印度的东部港口耽摩立底。义净从广州启程到抵达印度,历时 16 个月,除了在陆上停留的时间,仅漂泊在海上就达 8 个月

① 史念海. 中国通史. 第六卷. 上册:中古时代隋唐时期[M]. 上海人民出版社,1997.

之久,他先后到过佛逝、罗瑜、羯荼、耽摩立底等国,最后进入中印度,遍礼印度的那烂陀寺、鹿苑、鸡足山等佛教圣迹,研习佛法,翻译佛教典籍。从此开始他前后11年的考察印度佛教教规和社会习俗,进行佛教经典翻译的工作。大约在685年,义净乘船离开印度向东航行,返回中国①。687年,义净到达室利佛逝,停留2年多,专心从事翻译和著作。为了得到纸和笔,义净曾于689年随商船回到广州,又于当年11月返回室利佛逝。691年,义净派遣大津将著作及新译的佛经送回国内。695年,义净与弟子贞固、道宏离开室利佛逝回国①。

三、海上丝绸之路的伟大功臣之一

在中国对外交通史上,僧人占有重要的地位。在历史上三位最著名的求法高僧中,东晋法显是走陆路前往,经海路回国;唐朝玄奘都从陆路往返;只有义净是经由海路往返,且在南海中穿行。义净从37岁航海出国,到60多岁回国,几乎在海外度过了半生的时光。他水陆兼行,三次赴南洋弘法,历尽无数艰辛,24年的时光,到过30多个国家和地区,终于功成而回。他的著作,对中国唐朝的南洋情况,有翔实的记述,是不可多得的历史文献。义净所撰写的《南海寄归内法传》是一部非常重要的著作。全书40章,记述了印度的医药学、人民的生活习俗、僧侣的寺规、礼仪和其他见闻。书中介绍的当时印度和南亚各国佛教传播的情况,是研究佛教发展史的重要资料,有助于人们了解中世纪时佛教在南洋各地的传播情况。义净著有《大唐西域求法高僧传》一书,书中记录的海道情况尤显重要。由于玄奘的《大唐西域记》记载了其在陆路的所见所闻,法显的《佛国记》记录的陆路详细,而海路信息较为简略,因此义净记述的有关南洋各地的情况,是关于南洋各地的最早历史地理资料,为研究各国历史、地理、外交、海上交通提供了宝贵的资料①。在今日马来西亚吉打州考古博物馆内存放着室利佛逝时期的古迹中,也清晰地在建馆史上写上"没有义净的记录,就没有古吉打王国的历史"字句,充分体现了义净的历史地位。义净的航海成就,不仅证明他是古代海上丝绸之路伟大的功臣之一,也让人们清楚地认识到不论是古代的海上丝绸之路,还是现在的一带一路,中国与南海沿线国家都是和平共处、互惠互利的,共同为人类命运共同体而努力。为纪念义净对航海事业的贡献,1983年我国以"义净"命名了一处南沙群岛岛礁,即"义净礁"。

---

① 史念海.中国通史.第六卷.下册:中古时代隋唐时期[M].上海人民出版社,1997.

第三节　杨良瑶——最早抵达地中海的航海家

一、杨良瑶生平简介

杨良瑶,736 年—806 年,唐朝外交官,原籍弘农华阴(今陕西华阴市),后落籍唐京兆府云阳县龙云乡,即今陕西省咸阳市泾阳县云阳镇,唐朝宦官,大航海家。中国古代航海最早下西洋的外交使节,比明代的郑和下西洋整整早了 620 年。主要参与的历史事件有"借兵回纥""出使岭南""出使大食""平叛淮西"等①。杨良瑶少时以节义为志行,长大后以忠勇为己任。在唐肃宗至德年中,也就是 756 年—758 年的时候进入了皇帝的宫廷,以宦官的身份开始了其充满传奇性的一生奋斗。杨良瑶一生多次南北跋涉,东西奉使,但最为重要的一次重大出使活动,还是他在 785 年 4 月,作为唐王朝的外交使节航海下西洋。杨良瑶抵达远在中东地区的黑衣大食,成为我国第一位航海抵达地中海沿岸的外交使节。

二、奉命出海远航黑衣大食国

750 年,阿卜勒·阿拔斯(750 年—754 年,唐史称"阿蒲·罗拔")灭乌玛亚王朝,建立阿拔斯王朝(750 年—1258 年),即唐朝史籍所称之"黑衣大食"。新王朝的政治重心逐渐向东迁移,虽然因此丢失了乌玛亚王朝控制的原哈里发帝国的西疆,但是比较稳固地统治了东部伊斯兰世界,在此后的五百年时间里,创造了灿烂辉煌的阿拉伯文明,开创了与唐、宋元时期的中国交往的黄金时代。

唐德宗贞元元年出使黑衣大食的宦官杨良瑶的事迹记载在《唐杨良瑶神道碑》中,相关记录的文字虽然不长,但弥足珍贵,对于了解杨良瑶出使的具体情形、经行路线等具有重要的意义②。《唐杨良瑶神道碑》是 1984 年在陕西省泾阳县云阳镇小户杨村附近发现的,后移存于泾阳县博物馆。

---

①　张世民主编.杨良瑶与海上丝绸之路《唐故杨府君神道之碑》解读[M].西安:西安地图出版社,2017.

②　李伟,马玉洁.丝绸之路上中伊文明交流的历史叙事[J].国际汉学,2018(04):32 - 36,200.

据碑文可知，唐朝于贞元元年 4 月，以宦官杨良瑶为聘国使，出使黑衣大食。杨良瑶一行带着国信和诏书，先到广州，从广州乘船出发，经过漫长的海上旅程，到达黑衣大食。至少在贞元四年 6 月之前，使团返回长安①。具体出海远洋时间和行程如下①：785 年 6 月杨良瑶从长安出发，8 月到达广州，经过休整，10 月份从广州乘船出发，786 年 4 月到达马斯喀特港（今阿曼首都），5 月到达巴格达。在黑衣大食停留数月后，786 年 9 月从波斯湾出发，于 787 年 5 月回到广州，787 年 7 月回到长安，即先从广州登船，沿中国南海向南航行，先到门毒国（今东西竺昆仑洋），再到古笪国（一说真腊），经过海峡（今新加坡海峡），北岸为逻越（即暹罗，今柬埔寨国），南岸为佛逝（今苏门答腊岛南部），经过天竺（今印度国一带）等上百个国家，抵达大食国弗剌利河（今伊拉克境内幼发拉底河），改乘小船向北航行到末罗国（今伊拉克巴斯拉镇），再向西北从陆路前行千里，到达茂门王所都缚达城（今伊拉克首都巴格达）②。

三、打通了唐朝至阿拉伯地区的海上丝绸之路

杨良瑶航海下西洋比郑和整整早了 620 年，以"聘国使"的身份率外交使团，航海出使印度洋沿岸南亚、中东国家，抵达黑衣大食（今伊拉克等国家和地区）。此次下西洋，在唐王朝与阿拉伯世界之间的政治、经济与文化交流等方面，作出了重要贡献，成效显著，杨良瑶因此受到了朝廷的褒奖①。

从整个唐朝对外关系史来看，杨良瑶经由海路出使黑衣大食，也极大推动了东西方通过海路进行文化交流的进程，从贞元元年开始，海上丝路日益繁荣兴盛起来。王虔休所著《进岭南馆王市舶使院图表》中记载："（贞元年间），诸蕃君长，远慕皇风，宝舶荐臻，倍于恒数""梯山航海，岁来中国"。到贞元末年，"蕃国岁来互市，奇珠、瑀瑁、异香、文犀，皆浮海舶以来"。同时，大量物质文化产品被运往东南沿海①。杨良瑶出海远航黑衣大食为中国古代航海繁荣发展作出了巨大的贡献。

第四节　张友信——驰名中日的晚唐航海家

一、张友信生平简介

张友信，又名张支信，生卒年份不详。在史志上对其记录的资料并不多，但

①　《文史》2012 年第 3 期（百辑纪念特刊），中华书局，2012 年.
②　金雄. 东亚秩序与一带一路发展战略[J]. 延边大学学报（社会科学版），2015，48（03）：5—11.

从有关的中日航海史料中可知他是晚唐时期一位出色的航海家、造船师,在日本大宰府兼任大唐通事官职,精通日语。宁波(时称明州)海域面积宽广,航道条件优越,很早就发展起了造船事业。因此,明州先后涌现出一批批优秀的造船师、航海家。唐朝末年,名噪一时的明州张友信就是这个时期航行于中日航线上的杰出代表人物。

二、熟谙中日航线

法名头陀亲王的高岳,是日本平城天皇的第三子,后看破红尘,在 822 年进东大寺成为一名"头陀"(意为"苦行僧"),于 862 年获得日本天皇同意入唐学习,同行的有贤真、宗睿一类名僧以及"船头、控者"等 15 名亲信,还有日本舵师建部福成、大鸟智丸,以及若干水手等,合计僧俗达 61 人。日本头陀亲王这次赴唐,配备了一位名叫伊势兴房的"秘书",他用汉字行书体每天写作入唐日记,从大唐之行被天皇准行之日开始写起,写到第二年 6 月该"秘书"与多人一起归国为止,连注解合计在内,近 2 000 字,即《头陀亲王入唐略记》。这部日记不但是这次唐朝中日两国交流的真实记录,也成了唐朝航海值得珍视的可贵资料。

头陀亲王这次聘请的大唐舵师有张友信以及金文习、任仲元等三人。他了解到,张友信长期来往于中日之间的海上,熟谙航海。为此,头陀亲王在 862 年 10 月 7 日郑重其事地要张友信替他打造一艘航海大舶。《头陀亲王入唐略记》记载此事:"仰唐通事张友信,令造船一只。""唐通事"是日本史职,其职责是替日方就大唐人事作咨询以及联络大唐旅日人员。张友信满口答应,仅用了 8 个月的时间,便打造出了一艘可供 60 多人乘坐的庞大而坚固的大船。张友信作为头陀亲王的首选舵师,不但能把新船送到日本,而且能亲自引领他们一行来唐。

三、开辟了中日间最快航线

据《安祥寺惠运传》所述:847 年 6 月 22 日,张友信驾船由明州望海镇(镇海)启帆,趁西南风,仅仅用三个昼夜便抵达了日本远值嘉岛那留浦(今日本五岛列岛和平岛)。这条新航路取东北航向,就是张友信开创的业绩,创造了中日间最快的航海记录,使中日之间的航行大为便捷。从《头陀亲王入唐略记》的记载中可知,张友信引领头陀亲王的大唐之行的经历,尤其是克服东海洋面上狂风恶浪,转危为安的前后经过。张友信是当时航海界驾驭海舶的能人,这也展现了先人在历史上敢闯海洋风险,勤于创造航海业绩的不朽史实①。864 年,大唐通事张友信归国之后,未见返回,大宰府奏请在日的唐朝僧人法惠充当通事一职。这说明,从 847 年至 864 年,至少在这 17 年间,张友信多次往返于中日两国间,活跃于中日海上贸易的舞台上,是一位出入于海上丝绸之路中日航线上的好手,对促进中日两国经济、文化交流起过积极的推动作用②。

---

① 朱道初. 晚唐明州籍航海家张友信[N],宁波晚报,2014 - 04 - 27.
② 杨建德. 唐代航海家张友信[J]. 中国港口博物馆馆刊,2015(1):81 - 83.

第七章　宋朝航海家

第一节　宋朝概述

一、宋朝的建立与灭亡

宋朝,960 年—1279 年,是中国历史中上承五代十国下启元朝的朝代,分为北宋和南宋两个阶段,共历 18 帝,享国 319 年。960 年,34 岁的赵匡胤在陈桥兵变,黄袍加身,定国号"宋"。赵匡胤为避免晚唐藩镇割据和宦官专权乱象,采取崇文抑武方针,加强中央集权,"杯酒释兵权"剥夺武将兵权,使得宋朝将领兵不识将、将不识兵。1004 年宋辽澶渊之盟达成,宋朝逐渐步入治世。宋仁宗以后宋朝社会危机日益严重,宋神宗即位后任用王安石进行熙丰变法,取得一定成效。此后宋朝陷入新旧党争之中。1125 年金朝大举南侵,导致靖康之耻,北宋灭亡。1127 年,康王赵构于南京应天府即位,建立南宋。1234 年,宋联蒙灭金。1235 年,宋元战争爆发,至 1276 年元军攻占临安。1279 年 3 月 19 日,崖山海战(今广东新会区),宋军全线溃败。陆秀夫背着少帝赵昺投海自尽,许多忠臣追随其后,十万军民跳海殉国。至此,宋朝宣告彻底灭亡。

二、宋朝的海上交通活动

宋朝时期,对陆上"丝绸之路"的阻塞使得海上"陶瓷之路"成了中外经济和文化交流的主要通道。北宋太宗、仁宗、神宗等历代皇帝频频发布敕令,要求各级地方官员招引舶商来华贸易。市舶制度始于唐朝,成熟于宋朝,在中国古代海上贸易中发挥过重要作用。1080 年宋朝制定了"广州市舶条法",以单行敕令及法规的形式制定了大量的管理海外贸易、鼓励舶商来华、奖励有功官员的法律法规,史称"市舶条法",又称"元丰条法",是世界上最早的成文外贸法规。此后,宋朝先后设置了杭州、明州、泉州等 8 个市舶司,由市舶司对商舶货物进行抽解和博买等。宋朝封建统治集团采取了注重经济内涵的航海贸易政策,使发展航海事业成为稳定政局、维护统治、活跃经济、扩大影响的既定国策。宋朝航海无论是在国内还是国外,其繁荣程度都远胜盛唐,是中国古代航海历史上的鼎盛时期[①]。

北宋建隆二年(961年)，女真国"遣使嘱突剌来贡名马"，并多次到宋朝"贡方物"。"止令多置舟楫，济渡女贞(真)马来往"，其往返仍采用横渡渤海海峡的传统航路。

962年高丽第一个使节向北宋"献方物"。至1071年3月，高丽使节再次给宋朝带来"礼物"，随后两国使节往来极为频繁。在1071年—1136年期间，高丽使节来宋朝26次(其中，中途回国一次)，宋朝使节出使高丽22次(其中，由中央政府派去15次，由明州等地方政府派去7次)[②]。宋朝的300余年间，高丽共向宋朝派出官方使节68次(其中，因故中途回国3次)，宋朝向高丽派遣使节共计40次(包括宋朝派遣负有朝廷使命的商人2次)[③]。

关于中日海上通航，北宋政府持积极态度，而日本政府则相对被动。北宋方面，除由皇帝出面送去一两次书信和礼物外，还有明州地方官以"大宋国牒状"落款，经由中国舶商捎带到日本的公文等；而日本方面的复函则大多以大宰府出面复函。虽然双方没有建立正式外交关系，但日本方面也先后派出20多位以私人名义前往宋朝的僧人，其中著称于世的有甫然、寂晤、成寻等[①]。

1127年宋朝南渡后，在开始的30年内，因忙于对金作战，关于宋朝船舶前往日本的记录很少。据日本文献所载，也仅有宋朝商人刘文仲于1150年航行到日本一次。但此后，中日双方的海上贸易便迅速复兴起来，且超过了北宋的鼎盛时期[①]。

宋朝，特别是南宋的远洋航行空前活跃。中国海船以广州(或泉州)为始发港，频繁地驶向广阔的亚非海域。据有关航海文献记载，当时主要的远洋航路如下：广州(或泉州)—三佛齐(今印尼占碑市)；广州(或泉州)—阇婆航路(于今印度尼西亚爪哇岛和苏门答腊岛)；广州(或泉州)—兰里—故临航路；广州(或泉州)—兰里—故临—大食；广州(或泉州)—兰里—麻离拔；广州(或泉州)—兰里—东非[①]。其中后两条是横渡印度洋的航路。

三、宋朝的造船和航海技术

宋朝的造船技术远远走在世界前列，已能建造万石以上的大船。当时就连

---

① 孙光圻.中国航海历史的鼎盛时期——宋元(960年—1368年)[J].世界海运，2011,34(08)：54-56.

② 朴真奭.十一—十二世纪宋与高丽的贸易往来[J].延边大学学报(哲学社会科学版),1979(02)：84-91.

③ 陈慧.试论高丽对宋的朝贡贸易[J].东疆学刊,2009,26(03)：99-105.

外国商人也愿意乘坐中国的船舶,宋朝造船技术的发展为海上贸易提供了优良的运输工具。1078 年,宋朝曾在明州造两艘巨舰,"一曰凌虚致远安济,次曰灵飞顺济,皆名为神舟"①,人称"万斛船"。徐兢在《宣和奉使高丽图经》中记载:"其制皆以全木巨枋挽叠而成。上平如衡、下侧如刃,贵其可以破浪而行也。"②北宋张舜民在《郴州录》中对万石船描述道:"丙戌,观万石船,船形制圆短,如三间大屋,户出其背。中甚华饰,登降以梯级,非甚大风不行,钱载二十万贯,米载一万二千石。"南宋海船最大载重量可达数万斛,大海船"长几五丈,虽有恶风怒涛,截然不动"。

宋朝的尖底海船甲板平整,船舷下被削的像刃一样,船的横断面呈 V 形,尖底船下设置贯通首尾的龙骨,用来支撑船身,使船舶更坚固,同时船舶吃水深,抗御风浪能力增强③。欧洲船舶在 19 世纪初才开始采用这种龙骨结构,比中国晚了数百年④。

宋朝的海船科学采用了多重船壳板,设置了水密隔舱,使船体在巨大海浪的冲击下,仍然保持坚固和平稳。多重板船壳还有防海蛆浸噬和抗礁石撞击的功能。水密隔舱板的设置,将全船分成若干舱,如果个别舱室破损漏水,水不会流到其他各舱室,不仅便于修复,增加抗沉性,而且可加强船体结构,有利于船型的增大②。泉州湾后渚港宋朝海船是我国出土的唯一一艘由海外返航的古代远洋海船,这艘宋朝海船可载重 200 吨左右的宋朝海船,由 12 个隔舱壁将船分为 13舱,除舱壁近龙骨处留有小小的能调节海船稳定和船首船尾吃水深浅作用的"过水眼"外,其余所有的舱壁钩联十分紧密,水密程度很高②。水密隔舱技术经 13世纪的马可波罗的介绍于 13 世纪传入西方,后在 18 世纪得到广泛应用。

关于福建海船的船上设备,徐兢在《宣和奉使高丽图经》中对客舟有较为详细的描述:"船首两颊柱,中有车轮,上缩藤索,其大如椽,长五百尺,下垂矴石……船未入洋,近山抛泊,则放矴著水底,如维览之属,舟乃不行。"船首有正碇("大矴")和副碇("游矴"),都用绞车控制,是停泊设备。船尾有正舵和副舵,正舵又分成大小两种,可根据水的深浅分别使用;副舵供海上航行时配合主舵控制方向②。国外方向舵的使用比中国晚了 400 多年。

宋朝的官船还在船舷两边缚上大竹作为"橐",其作用之一是抵抗风浪对船

---

① 孙建民,顾宏义. 熙丰时期"东联高丽"战略研究[J]. 齐鲁学刊,1996(06):39-43.

② 曾海燕,贺威. 宋元福建先进海船制造业的发展与技术创新[J]. 宋史研究论丛,2013(00):496-509.

③ 张艳,刘瀚泽. 中国古代四种著名海船浅析[J]. 设计,2015(13):39-42.

④ 温宁,柠语. 渔船上的十二生肖[J]. 海洋世界,2016(02):44-45.

体的冲击,增加船的稳定性,"缚大竹为橐以拒浪";其二是起着水线的作用,"装载之法,水不得过。"作为满载的标志,这是迄今为止关于中国古代帆船有关水线概念的首次记录①。

宋朝时期指南针与磁罗盘的应用,是中国航海历史上的重大事件,对世界航海文明作出了重大贡献。1044 年,出现了人工磁化的指南鱼,1063 年北宋沈括在《梦溪笔谈》中也介绍了钢针磁化法,沈括所述的"以针横惯灯心(即灯心草),浮水上,亦指南,然常偏丙位"的水浮针最为简单实用,比 1492 年哥伦布的同样发现早了 4 个世纪以上。中国指南针海上导航的最早文字记录,见于 1119 年朱彧所著的《萍洲可谈》,书中说:"舟师识地理,夜则观星,昼则观日,阴晦则观指南针。"由此可推,中国航海者使用指南针的时间,最迟不晚于 11 世纪末②。到了南宋,指南浮针已演变成为水浮式磁罗盘——"针盘"了,又称经盘、地螺等。而"针盘"是早期罗盘的一种形式,由水面浮针与地支天干的圆形方位盘结合组成,指南针是全天候的导航工具,它的使用促进了中国海上贸易的发展并开创了中国古代航海史上的新纪元。

宋朝时,人们已懂得认识和掌握海洋气象的变化规律,利用海上的季风出海或返航。例如,与高丽贸易时利用季节变换"乘夏至后南风,北风方回"。为求航行安全,"祈风"与"祭海"活动相当盛行。宋朝航海气象知识的进步,还表现在航海者能进行气象预测,"审视风云天时而后进",并用歌诀形式对简单零碎的海洋气象知识进行总结②。

宋朝,人们对海洋潮汐的认识有了新的提高。北宋张君房改进了唐朝窦叔蒙的潮时推算图,燕肃对潮时的延迟进行了更精确的计算,沈括对潮迟现象进行了区域间的比较。他们还在潮汐成因理论上有了新的发现。

宋朝的船舶操纵技术中,驶帆技术较高,已能快速测定风向,并顺风向驶帆。即使遇到顶风,也能走"之"字驶向目标;也可根据风浪态势,及时调整各种风帆,确保航行安全②。宋朝时船工将测深作为航经浅险水道的主要航保手段,认为"海行不畏深惟惧浅搁,以舟不平,若潮落,则倾覆不可救,故常以绳垂铅以试之"。不仅计量入水绳子的长度,而且通过沾有黄油的铅锤来了解所在航区的底质,以推测港湾之远近②。

---

① 曾海燕,贺威.宋元福建先进海船制造业的发展与技术创新[J].宋史研究论丛,2013(00):496 - 509.
② 孙光圻.中国航海历史的鼎盛时期——宋元(960 年—1368 年)[J].世界海运,2011,34(08):54 - 56.

第二节　徐兢——开辟黄海南部航路的航海家

一、徐兢生平简介

徐兢,1091 年—1153 年,字明叔,号自信居士。徐兢出身于官宦世家,前代祖先为建州欧宁(今福建建瓯市一带)人,自其祖父徐师回始徙居和州历阳。徐兢兄弟三人。长兄徐林,字稚山,自号砚山居士。次兄徐德止,二人皆为官清正且善书画。徐兢生数月,见字画辄色喜踊跃,至 10 余岁,颖异不群,多才多艺,能书善画,尤工篆书。其篆书,自为一家。徐兢 18 岁入太学,后以父荫补官,摄事雍丘(今属安徽)、原武(今属河南)二县,累官至朝散大夫,赐三品服。徐兢有三子两女,及六孙、八孙女,后裔繁茂①。

1123 年,给事中路允迪、中书舍人傅墨卿出使高丽,徐兢为国信所提辖人船礼物官随同前往。徐兢作为使节出使高丽并不是偶然的。《游宦纪闻》和《徐公行状》均载:"(高丽)请于上,愿得能书者至国中。"徐兢是当时著名的书画家,深得宋徽宗的器重。既然高丽请求"愿得能书者",徽宗让徐兢随行出使,也就是顺理成章之事②。徐兢出使归来后,编撰《宣和奉使高丽图经》40 卷于 1124 年进献给朝廷,徽宗皇帝阅览后,大加赞赏,并将他提升为大宗正丞事,兼掌书学,后升尚书刑部员外郎。今天,徐兢的书画作品无一存世,其《宣和奉使高丽图经》也经存而图亡。但其所叙事物门类之齐全,内容之丰富,仍不失为中国古代最好的外纪作品之一,足以使徐兢名扬千古②。

二、奉命出海远航高丽

为了对抗来自辽国的现实威胁,彻底缓解外患,北宋长期奉行"东联高丽"的战略对策。1122 年 3 月,宋徽宗决定派遣国信使出使高丽。当时国信使要完成

---

① 赖少波.徐兢与《宣和奉使高丽图经》[J].福建史志,2016(03):59-60.
② 孙希国.《宣和奉使高丽图经》作者徐兢生平考[J].辽东学院学报(社会科学版),2012,14(03):63-66.

两个任务：一个是向高丽国王转交徽宗皇帝的诏书；二是在一年前驾崩的睿宗灵前举行祭典仪式，以表示哀悼①。

当时，宋朝与高丽之间的航路相当发达，其中最主要的有南北两条航路。北航路，起自山东的登州，向东渡过黄海，直达朝鲜半岛西海岸，南航路从今浙江的明州出发，往东北航行至朝鲜黑山岛，再向北航行，经过朝鲜半岛西南海岸的岛屿，到达礼成江口。南航路，从明州至高丽，即"徐兢航路"，为徐兢奉使高丽的航路②。

徐兢船队由 8 艘大型海船组成，包括 2 艘神舟和 6 艘客舟。神舟是宋朝廷为展示国力而专门在明州建造的大型使船，客舟则是宋朝廷命令福建和两浙（浙东和浙西的合称）官方雇募的民间大型海船。徐兢一行奉宋徽宗之命，从北宋都城开封出发，1122 年 5 月 16 日离开明州（今宁波市），经过定海县（今宁波市镇海区），在总持院（今镇海中学）已预做了 7 天 7 夜道场，又在招宝山下的东海海神广德王祠祈祷③，然后离开甬江，沿着海岸北上到达了高丽的黑山岛，并由此改变航线，沿着沿海航路北上，经群山岛、马岛和紫燕岛，抵达礼成江下游的碧澜渡后，再改走陆路于 6 月 13 日抵达开城。"以其年 5 月 28 日。放洋得顺风。至 6 月 6 日，即达群山岛。"这就说明在"顺风"时，从明州到高丽群山岛只需要八九天时间。

徐兢使团船队大致沿原航路返程，自 7 月 13 日从京顺天馆出发，7 月 15 日，徐兢"登大舟"，离开高丽礼成港。因没有利用季候风，反复几次出海，才勉强进入大洋，航行途中又遭遇风暴，徐兢本人所乘的第二艘船在"黄水洋"中三个柁都折断了，各船都不同程度遇险，最后侥幸返回明州，前后竟耗费 42 天。宋朝使团回国时也路过群山岛，7 月 24 日进入群山门，随后再进入群山岛停泊到 8 月 8 日，由于 14 天内一直逆风，所以未能离开。后来，顺着东北风，趁涨潮出海，途经苦苦苦，9 日早上经过竹岛。随后，使团在看到黑山岛时突然东南风大起，又碰上解冻，10 日风刮得更大了，使团又只能回到群山岛。使团在群山岛一直待到 16 日，风停之后才重新出发①。宋朝使团在高丽的京都开城停留了 1 个月，回国时遇到暴风，在群山岛停留 20 天左右。从使团出使过程可知，当时宋朝与高丽之间的海上往来仍非常困难，并在很大程度上受到季风的严重限制。

———————

① 郭长根，张晖.《高丽图经》里的徐兢航路和群山岛[J]. 温州大学学报（社会科学版），2016，29（06）：17－25.

② 孙光圻. 中国航海历史的鼎盛时期——宋元（960 年—1368 年）[J]. 世界海运，2011，34（08）：54－56.

③ 夏志刚."徐兢航路"明州段试考[J]. 浙江海洋大学学报（人文科学版），2018，35（04）：69－75，81.

三、开辟了黄海南部的"徐兢航路"

从元丰年间到南宋时期,中国主要利用黄海南部斜断航路。宋朝使团访问高丽和回国时都使用此航路,因此又被称为"徐兢航路"。南宋时期国际商人们也主要利用这条航路作为国际贸易航线,而这条航路的中间点即为群山岛。群山岛和徐兢航路是高丽时期的漕运路和陶瓷运输路线的要道[①]。徐兢编纂的《宣和奉使高丽图经》中详细记录了有关黄海南部斜断航路的内容。群山岛是国际外交的关卡,也是徐兢航路和沿海航路的中心,因此在群山岛有招待信使的群山亭、松山行宫、五龙庙、资福寺、官衙客馆等建筑物[①]。

徐兢在航行过程中仔细观察高丽的海上情况、山川形势、民情风俗、典章制度、接待仪礼、往来通道等,并沿途仔细记录,回国后终于著成《宣和奉使高丽图经》。《宣和奉使高丽图经》是徐兢出访高丽的见闻录,也是现存最早的由福建人撰写的高丽志书。所谓"图经",就是指描述山川、地形、物产、风俗的地方志书。南宋时期,此类书籍多被称为"图经",明朝以后则统称为"志"[②]。全书40卷,横向分为:建国、世次、城邑、门阙、宫殿、冠服、人物、仪物、仗卫、兵器、旗帜、车马、官府、祠宇、道教、释氏、民庶、妇人、皂隶、杂俗、节仗、受诏、燕礼、馆舍、供张、器皿、舟楫、海道等28个大类,类下又细分有300余个小条目。以实地见闻,全面翔实地记述了王氏高丽时期的政治、经济、军事、山川、人物、礼仪、宗教、物产、习俗等。徐兢还以亲身经历,详细记载了航海路线、日程,以及船队的组织、船舶装备和航海技术、航海路线等[②]。原著前面还有附图,到南宋时,图已不复存在。此书最早的刻本是徐兢自刻本,刊于江郡斋;此后南宋乾道间(1165年—1173年)又出现了江阴(今属江苏)郡斋本。这些刻本早已久佚,现存的版本有明、清抄本,《四库全书》本,以及清鲍廷博《知不足斋丛书》本[②]。

《宣和奉使高丽图经》作为我国第一部专门记录高丽王朝的历史地理著作,在历史地理学研究领域,占有非常重要的地位,也是研究宋朝与高丽关系史、高丽史和海上交通史等方面的重要著作[②]。

---

① 郭长根,张晖.《高丽图经》里的徐兢航路和群山岛[J].温州大学学报(社会科学版),2016,29(06):17-25.

② 赖少波.徐兢与《宣和奉使高丽图经》[J].福建史志,2016(03):59-60.

第八章　元朝航海家

第一节　元朝概述

一、元朝的建立与灭亡

元朝,从 1206 年元太祖成吉思汗(孛儿只斤·铁木真)统一西起阿尔泰山、东至兴安岭、南起阴山北麓、北至贝加尔湖的漠北草原后创建了大蒙古国起,到 1368 年(洪武元年)秋明太祖朱元璋北伐攻陷大都(今北京市)为止,共历 15 帝,享国 162 年。相较于之前的唐朝(618 年—907 年)、宋朝(960 年—1279 年)和之后的明朝(1368 年—1644 年)、清朝(1644 年—1911 年),毫无疑问,元朝的统治时期十分短暂,但是这段历史却丰富多彩、波澜壮阔,是中国漫漫历史长卷中浓墨重彩的一笔。作为中国历史上一个承上启下的朝代,元朝对中国乃至世界历史都产生过深远的影响,其辉煌与雄伟的身姿如一头蒙古雄狮,不怒自威①。

“一代天骄”成吉思汗在统一漠北后,开始对外扩张,与其继任者先后攻灭西辽、西夏、东夏、金国、大理、吐蕃等政权。1271 年,成吉思汗的孙子、大蒙古国第五代大汗元世祖孛儿只斤·忽必烈采纳谋臣刘秉忠的建议,取《易经》“大哉乾元”卦辞,改国号“大蒙古”为“大元”,第二年把首都从上都(今内蒙古正蓝旗东闪电河北岸)②迁至大都。1279 年,忽必烈的军队在位于今广东江门市新会区南约 50 千米的崖门镇附近进行了海战,以少胜多,彻底灭亡了南宋残余势力,统一了中国。至此,元朝正式开始成为中国历史上第一个少数民族统治全国的王朝。

元世祖到元武宗(孛儿只斤·海山)期间(1271 年—1311 年),是元朝的鼎盛时期,元朝中期皇位更迭频繁,始终没有形成严密的政权管理制度。1368 年,朱元璋在南京称帝建立明朝后,派遣被称为“明朝开国第一功臣”的徐达率队北伐攻陷大都,元顺帝带领后妃、太子和一部分蒙古大臣从大都健德门(今北京德胜门)仓皇逃往上都,结束了元朝在全国的统治。

---

① 谢国计. 不忍细看的元朝史[M].北京:台海出版社,2017.
② 赵永春,张宏. 元朝兴衰的历史启示[J].北华大学学报(社会科学版),2007(03):82 - 89.

元朝的大一统结束了中国自唐末"安史之乱"(755年—763年)后长达五个多世纪的军阀割据及北宋(960年—1127年)、南宋(1127年—1279年)、辽国(907年—1125年)、金国(1115年—1234年)、西夏(1032年—1227年)等政权并立对峙的分裂动荡局面,不仅为元朝政治、经济、文化和科技等一切成就的取得提供了先决的条件并开辟了广阔的道路,而且还为元、明、清三个朝代长达600余年统一格局的建立奠定了坚实的基础①。

二、元朝的海上交通活动

元朝幅员辽阔,从西亚通往欧洲和非洲的陆路畅通无阻,可以直接抵达俄罗斯与东欧,抵达阿拉伯、土耳其和非洲,从海路则可抵达阿拉伯、印度、波斯,以及非洲等地。同时,元朝统治者在对外交往中提出了"四海为家""通问结好"积极主动的外交方针,促使元朝时期沉静已久的陆上丝绸之路和海上丝绸之路在元朝时期再度繁荣,对外文化和贸易交流等方面有了更大进展,达到比汉唐时代更为繁荣的中外文化经贸交流的辉煌时代②。在北方,陆上丝绸之路重新开通,使得"波斯老贾度流沙,夜听驼铃识路赊。采玉河边青石子,收来东国易桑麻"③。在南方,由于海运比陆运更为便利,"泉南佛国天下少,满城香气梅檀绕。缠头赤脚半蕃商,大舶高樯多海宝"④的情形更是成了常态。

元朝开放的姿态,不仅允许域外文明进入中国,还将中国文明的一系列成果传到了国外,为世界各地各民族的往来、迁徙和聚集提供了机会。在元朝时期,中国的印刷术传到伊朗、非洲和欧洲,纸币和纸牌的制作方法传到欧洲,火药、火炮、医药学和针灸疗法传到阿拉伯,阿拉伯人的天文仪器、历法、建筑知识等也传到了中国⑤。元朝也是伊斯兰教等外来宗教在中国传播的重要时期,伊斯兰移民后来在中国形成一个新的民族——回族。回族的出现,堪称元朝对外文化交流最为显著的成果。

随着对外交往的扩大,元朝的海外贸易也尤为繁荣。元朝十分重视商业活动,鼓励海外贸易,海外贸易的管理制度比宋朝更为完善⑥。"官本船"是元朝一度实行的海外舶商贸易制度,也就是朝廷出船、出本钱,委托商人下海贸易经商,

---

① 关治中,刘树友.试析元朝统一的历史作用及地位[J].宝鸡师院学报(哲学社会科学版),1991(04):104-106.

② 李莹,刘春霞.试论元朝之对外贸易与文化交流[J].沈阳航空工业学院学报,2005(06):89-91.

③ 徐黎丽.蒙元时期中亚诸民族在中国的民族过程[J].兰州大学学报,2002(01):55-62.

④ 陈丽华.略论中世纪泉州港的文化现象[J].东南文化,1999(04):49-52.

⑤ 周少川.元朝的开放意识与域外史研究[J].河北学刊,2008,28(5):78-85.

⑥ 王晓欣.震撼世界的华夷一统:元朝历史的特点及影响[J].历史学习,2008(11):4-6.

收益按比例分享利润,这种形式在唐、宋时期是没有出现过的,大概是元朝首创的。"官本船"的实施,从 1285 年元朝设立市舶司开始,至 1323 年颁布"听海商贸易,归征其税"止,约 40 年,具有深远的意义①。元朝在东南沿海先后设置了泉州、上海、澉浦(今浙江海盐县西南杭州湾北岸)、温州、广州、杭州、庆元(今浙江宁波市)等 7 处市舶司,代表朝廷专职管理对外贸易。元朝与海外诸国建立了朝贡制度,通过建设海上"驿站",将距离比较近的国家作为海上交通线上的"驿站",通过这些驿站,与更遥远的国家进行交流。例如,高丽国就是日本等国家的交流传播中心,印度是中西海上交通线的"驿站"②。与元朝有贸易关系的国家和地区高达 200 余个,远到非洲东北部沿海地区。中外商船往来如织,中国丝绸、瓷器、铁器、药材等通过各海港大量运销海外,东南亚、南亚、西亚乃至非洲和欧洲各地的特产如香料、珠宝、象牙、犀角等也由此输入中国,贸易规模远超唐宋,市舶税银每年达"数十万锭"。可以说,元朝是东西方贸易交流史上当之无愧的一个高峰时期③。泉州、广州、庆元是元朝与海外各国通商的重要港口,元朝海禁期间保留泉州港对外开放,泉州港迅速繁荣发展,成为当时世界上第一大港口。摩洛哥大旅行家伊本·白图泰曾在《游记》中记述"当时所有印度、中国之交通,皆操之于中国人之手",并赞誉"刺桐城"(今泉州市)是"世界大港之一",港内有大海船"约百艘""小船多得无数"④。《马可·波罗游记》称泉州港为世界唯一最大的商港。繁荣的海上贸易使元代交钞成为世界上最早的国际性纸币。

　　元朝是商人的黄金时代,黄金时代必有传奇人物。元朝重视海外贸易和国内海运,产生了蒲寿庚、沙不丁、合不失、杨发、朱清、张瑄等从事航海的名门望族⑤~⑧,极大地促进了元朝航海事业的空前发展,这是元朝航海事业较前代发达的一个明显的标志,因为只有大规模的持久的航海活动,才有可能产生以航海为业的显赫家族⑨。

----

　　① 何兆吉. 读《海运千户杨君墓志铭》札记[J]. 西北第二民族学院学报:哲学社会科学版,2001(4):77-81.

　　② 赫学佳. 元朝官方域外交流考[J]. 石家庄学院学报,2020,22(04):114-119.

　　③ 石云涛. 元代丝绸之路及其贸易往来[J]. 人民论坛,2019(14):142-144.

　　④ 李莹,刘春霞. 试论元朝之对外贸易与文化交流[J]. 沈阳航空工业学院学报,2005(06):89-91.

　　⑤ 陈冬梅. 全球史观下的宋元泉州港与蒲寿庚[J]. 复旦学报(社会科学版),2019,61(06):52-57+138.

　　⑥ 段海蓉. 元代海道都漕运万户西域唐兀人黄头事迹考[J]. 新疆大学学报(哲学·人文社会科学版),2013,41(01):48-51.

　　⑦ 王成兵. 朱清、张瑄与元代海漕运输[J]. 中国海事,2017(09):77-78.

　　⑧ 李文轩. 百万楼船渡大洋[J]. 海洋世界,2008(09):18-23.

　　⑨ 陈高华. 元代的航海世家澉浦杨氏——兼说元代其他航海家族[J]. 海交史研究,1995,(01):4-18.

三、元朝的造船和航海技术

元朝繁荣的海上贸易与当时具备相当高水平的造船技术和航海技术密不可分。宋朝最大的海船载重 5 000 石,元朝建造载重 9 000 石的海船已很普遍,元朝的造船和航海技术有了飞速发展,西方旅游者对此无不表示惊叹①。在东南沿海的各大港口城市都有造船业,由国库拨款建造海船。海船大多以松木为材料进行建造,船底有二或三层。普通的海船有四桅,也有五桅或六桅的海船。每船分隔成 10 余舱室或几十个舱室。舵杆一般使用铁梨木,所建造的船舶坚固耐用②。1291 年元朝阔阔真公主远嫁伊利汗国阿鲁浑汗时,由来中国的意大利旅行家马可·波罗从泉州港启航护送。元世祖忽必烈"命备船十三艘,每艘具四桅,可张十二帆"。在《马可·波罗游记》中就记载了这种大船的详细情况:甲板上通常有多达 60 个舱房,需要 300 名水手,货仓里能装载 5 000~6 000 筐胡椒。伊本·白图泰的旅行比马可·波罗晚了半个世纪,他笔下的中国海船更加巨大:一艘大船有 12 面帆,有 20 把大桨,桨大的像桅杆一样,上面挂着粗大的绳子以便牵拉,每把得有 30 个人面对面一齐划,仅水手就需要 600 名,此外还有 400 名士兵,包括弓箭手、穿铠甲的勇士和炮手,因此往往有上千人在一艘船上作业。因此,元朝的海船无论从规模、结构还是舒适性方面都有了很大的改进,元朝四桅远洋海船,是在宋朝造船技术基础上建造的,也为后来明朝建造九桅宝船创造了条件。

元朝航海技术也有了明显的进步。宋朝发明的航海指南针,在元朝已经普遍使用,且更为精确,已成为海舶必备的航海工具。元朝航海时,把指南针许多针位点连接起来,以标明航线,称之为针路。以天干、地支和四卦作为航海罗盘的编排航路方位,使海船航行更能精确地确定航向,把握航线①。元朝航海技术的提高,还表现在元朝航海家在长期的海上交通实践中,认识与掌握了海岸天象与规律,已能熟练地掌握与利用季风规律,编成有关潮汛、风信、气象的口诀,以保证海船航行的安全与稳定。元朝在航海技术上的另一项成就,就是发明了牵星板③。这是一种用来观测恒星高度以确定船舶在海上位置的工具。这种观测天文的方法就叫牵星术。牵星板由 12 块大小递减的正方形木板组成,最小的边

---

① 李增新. 元代航海业述论[J]. 北京行政学院学报,2003(06):78-81.

② 白晓霞,张其凡. 元朝与印度的海上贸易[J]. 内蒙古大学学报(哲学社会科学版),2004,36(6):73-78.

③ 刘永加. 之万里者 如出邻家——空前繁荣发达的元代航海与海外贸易[J]. 珠江水运,2020(20):112-116.

长约 2 厘米,最大者边长约 22 厘米。以一条绳贯穿在木板的中心,观察者一手握住木板,手臂向前伸直,另一手在眼前握住绳子末端。此时,眼看方板上下边缘,将下边缘与水平线取平,上边缘与被测的星体重合,然后根据所用方板的指数,便得出星辰高度的指数,即可测得恒星(如北极星)距海平面的高度,进而可以计算出船舶所处的地理纬度①。元朝先进航海技术的应用,创纪录的续航距离,赢得了世界声誉。

第二节　亦黑迷失——维吾尔族的 第一位航海家

一、亦黑迷失生平简介

亦黑迷失,史书上亦作"也黑迷失""亦黑弥什",文渊阁《四库全书》称其为"伊克穆苏"②,籍贯高昌(今新疆吐鲁番附近),畏吾儿(今新疆维吾尔族)人,信奉佛教,生卒年份不详,元朝杰出的航海家、外交家、军事家。史书上关于他的记载始于1265 年,亦黑迷失入朝任宿卫官,也就是忽必烈的宫廷侍卫,开始了他的宦海生涯。后任元朝兵部侍郎、行省参知政事、江淮行尚书省左丞、行泉府太卿等职务,先后受封资德大夫、荣禄大夫。1292 年他在任福建行省平章政事时,与史弼和高兴率军出海,在远征爪哇(今印度尼西亚爪哇岛)的战役中不幸战败,他也一同消职获罪。1310 年,他被封为以荣禄大夫、福建行中书省平章政事为集贤院使兼会同馆事,但此后再受到朝廷重用,其仕途已无望升迁,便告老居家泉州。从 1272 年到 1293 年的 20 多年里,他先后四次奉元世祖忽必烈之命出使远航南亚诸国和参加二次元朝大规模的海外军事行动,为中国古代航海事业作出了重要贡献,历仕元世祖忽必烈、元成宗孛儿只

① 刘永加.之万里者 如出邻家——空前繁荣发达的元代航海与海外贸易[J].珠江水运,2020(20):112-116.
② 陈丽华.畏吾儿航海家亦黑迷失与清源盛氏的婚姻——兼释元代泉州盛氏家族三方墓志[J].福建文博,2012(03):49-54.

斤·铁穆耳(1295年—1307年在位)、元武宗孛儿只斤·海山(1307年—1311年在位)三朝,是元朝历史上具有一定影响力的人物。元仁宗圣文钦孝皇帝(1311年—1320年在位)念其屡次出使海外有功,加封其为"吴国公"。

二、四次奉命远航西洋

13世纪下半叶,元朝与海外诸国有着密切的商贸往来。为招抚西洋国家,1272年亦黑迷失奉元世祖忽必烈之命组建船队,出使海外八罗孛国(今印度西南濒阿拉伯海的马拉巴尔地区)。这是其第一次下西洋,揭开了元朝远洋活动的序幕。亦黑迷失率领的这支规模可观的大船队从云南通过安南(今越南)或缅国(今缅甸)出海①,整整两年,才经由南亚许多国家和地区,最后抵达八罗孛国,于1274年返回泉州港。回国时亦黑迷失船队还带来了八罗孛国使臣,向元朝廷献上了很多珍宝。元世祖忽必烈见到远在西洋的国家都臣服于元朝,非常高兴,颁赐金虎符特别嘉奖亦黑迷失。亦黑迷失的首次出海远航,积累了丰富的航海经验,为后续航海人员出海西洋提供了基础。

为进一步密切元朝与西洋诸国的往来,1275年亦黑迷失第二次奉命出使八罗孛国。凭借第一次远航的经历,这次出使顺利了许多。这是亦黑迷失第二次以和平使者的身份来到八罗孛国,给八罗孛国的君主赠送了丰厚的礼物,表明元朝与当地交往的诚意。亦黑迷失的真诚,获得了八罗孛国的信任。为答谢元朝的慷慨,该国派出国师携带名药乘坐亦黑迷失的船队回访中国,获得忽必烈丰厚的赏赐。1277年,亦黑迷失晋升为兵部侍郎,进入中央军事首脑机关。在任期间,他励精图治,四年后晋升为荆湖占城行中书省参知政事。

1284年亦黑迷失第三次奉命代表忽必烈出使到僧加剌国(今斯里兰卡)礼佛。船队途经中印半岛、马来半岛进入印度洋,最终到达僧加剌国,航程近5 000海里。这次出使的任务很简单,即观佛钵、舍利(即佛牙),并赐僧加剌国玉带、衣服、鞍辔。当年返航归国后,忽必烈命他留驻泉州,随时听候调遣。

1287年亦黑迷失第四次出海远航,奉命出使马八儿国(今印度东南部科罗曼德尔地区),迎取佛钵舍利。这次航行的航程比上一次更远,船队在海上不断遭遇大风浪的袭击。亦黑迷失凭着坚强的毅力和卓越的航海才能,指挥船队化险为夷②,在海上航行一年后,终于安全抵达马八儿国。除了完成忽必烈授予迎

---

① 陈丽华.元代畏吾儿航海家亦黑迷失与泉州港——以三方碑刻为中心[J].海交史研究,2017(01):121-138.

② 王晓建.维吾尔族航海家亦黑迷失[J].中国民族,1986(09):43.

取佛钵舍利的宗教使命之外,亦黑迷失还在当地搜求了许多药材运载回国,自己也购买了紫檀木、殿材献给朝廷。亦黑在元二十六年(1289 年)左右迷失[1],回国后,忽必烈大喜,赐其玉带等,授资德大夫,遥授他为江淮行尚书省左丞、行泉府太卿的官爵[2]。

三、书写了令人骄傲的航海篇章

亦黑迷失四次和平远航出使海外,开阔了那个时代中国人的视野,扩大了元朝在海外的影响,增进了中国与南亚、东南亚人民的政治、经济和文化交流与往来,促进了中国多民族国家的融合与发展[3]。他的航海经验为元朝的海外贸易特别是中国航海事业的发展提供了宝贵经验,也为 130 多年后郑和船队规模更大、航程更远的下西洋航海活动提供了必要的实践经验。正是由于有亦黑迷失这样一些中国航海家的不断探索和开拓,才有了明朝郑和七下西洋的航海壮举。亦黑迷失不仅是我国元初最富海上经验的航海家,也是维吾尔族历史上第一位航海家[4],他对中国航海事业的贡献是不容忽视的,对中西文化交流的贡献是不可磨灭的,他的事迹是中国航海史上令人骄傲的一页篇章[5]。

第三节　杨庭璧——外交成绩显赫的航海家

一、杨庭璧生平简介

杨庭璧,生卒年份不详,籍贯不详,元世祖时任广东招讨司达鲁花赤。1279 年—1283 年,曾奉元世祖之命,先后数次出洋,招谕俱蓝(今印度西南海岸之奎隆)、马八儿(今印度西南马拉巴尔)、苏木都剌(今印度尼西亚苏门答腊)等国,扩大了元朝与印度等国的交往。

①　陈丽华. 元代畏吾儿航海家亦黑迷失与泉州港——以三方碑刻为中心[J]. 海交史研究,2017(01):121-138.
②　王晓建. 维吾尔族航海家亦黑迷失[J]. 中国民族,1986(09):43.
③　王校阅.《元史·亦黑迷失传》三国笺证[J]. 学术论坛,1986(03):57-58.
④　谷津. 维吾尔人在蒙元历史上的地位[J]. 重庆科技学院学报(社会科学版),2008(02):105-107.
⑤　唐迪,徐邦学. 元代10人传:金戈铁马风漫卷[M]. 北京:华文出版社,2017.

二、四次出海远航印度

元朝在征服欧亚大陆后,欧亚陆路交通繁荣,边境迅速到达海岸线,进而寻求海外扩张。在元世祖统治初期,特使不断被派往海外以招抚诸国,欲表明元朝在海上也像陆上般强大,恢复了宋朝朝贡贸易的盛景。其中,最重要的是杨庭璧出使南海和印度洋诸国及周达观出使真腊[①]。

元初,行中书省左丞唆都等带着玺书十通出使南海,招抚南海诸国。占城、马八儿等国都上表承认自己的藩属国附庸地位,而俱蓝(即宋朝的故临,今印度西南端之奎隆)等国不愿进贡[②]。元世祖派时任广东招讨司达鲁花赤的杨庭璧于公元 1279 年—1280 年、1280 年—1281 年、1281 年—1282 年、1282 年—1283 年四次出使俱蓝[①],但有一次未能抵达南印度王国,其随员被迫在科罗曼德尔沿海上岸。1280 年庭璧到达俱蓝,国王表示来年再遣使通交,杨庭璧带着俱蓝国书回元。1281 年 1 月,杨庭璧与哈撒儿海牙再次奉命乘坐使船从泉州出发,去往俱蓝国。4 月,使船到达僧珈剌国海岸时遇季风转向,改向到马八儿,然后走陆路进入俱蓝,但因这一地区战火纷纭,几次商议无果,杨庭璧与哈撒儿海牙只好按原路回国。1281 年 11 月,元世祖第三次派杨庭璧一人率使团携国书远洋前往俱蓝[③]。1282 年 2 月到达俱蓝,受到俱蓝国王的迎接,周边国家也纷纷派宰相等重臣到俱蓝与杨庭璧签订建交国书。杨庭璧完成外交使命后,率使团返航。途中,船况异常,船体有渗漏水现象发生,船队停泊于那旺国(约当今孟加拉湾东南部之尼科巴群岛)。其间,杨庭璧还率使团参拜了该国国王,并与那旺国建立了外交关系。1283 年,杨庭璧率使团顺利回国[③]。

三、助力元朝成为当时世界最大的海洋贸易国家

杨庭璧在前往俱蓝的航海途中招谕南海各国。苏木达(在今印度西海岸)、那旺、苏木都剌等国,都接受元朝招抚。到 1286 年,由于杨庭璧的出使,东南亚及南印度地区共有马八儿、须门那(今印度卡提阿瓦半岛南部的松纳特)、僧急里(今印度西岸柯钦西北的克兰加努尔)、苏门答腊岛上的南无方、马兰丹、尼古拉群岛的那旺、马来半岛上的丁呵儿(丁加奴)、急兰亦鲜(吉兰丹)和苏木都剌等

① 向正树,于磊.忽必烈朝初期的南海招谕研究——泉州的军事、交易集团及其网络[J].元史及民族与边疆研究集刊,2016(2):13.
② 马启亮.16 世纪以前南海丝绸之路上的通使活动[J].世界海运,2017,40(09):50-56.
③ 曹凛.元朝海上丝绸之路[J].中国船检,2011(10):108-111.

10 个国家均纷纷向元朝进贡,前往广州贸易[1],朝贡贸易关系恢复正常,使中国逐渐取代了阿拉伯的地位,成为当时世界上最大的海洋贸易国家[2]。

第四节　杨枢——护航马可·波罗的航海家

一、杨枢生平简介

杨枢,字伯机,籍贯浙江嘉兴路海盐州澉浦镇(今浙江海盐县西南杭州湾北岸),公元 1282 年生,1331 年因航海感染瘴疠病逝。曾任忠显校尉,常熟、江阴、松江、嘉定等处海运副千户。其先世是福建浦城人,宋朝时"自闽而越而吴",定居于澉浦。澉浦是个沿海小镇,宋朝属嘉兴府海盐县,元朝属嘉兴路海盐州。在元朝,澉浦杨氏家族声势显赫,拥有巨大的财富。其曾祖父杨春,曾任南宋武经大夫,投靠元朝后以子贵,任松江府知府。其祖父杨发,曾任南宋右武大夫、利州刺史、殿前司选锋军统制官、枢密院副都统[3],投靠元朝后任明威将军、福建道安抚使,主管领浙东西市舶总司事,负责庆元、上海、澉浦三处市舶司。其父杨梓,著名的"南戏"剧作家、"海盐腔"的创始人之一,曾任少中大夫、浙东道宣慰副使、海漕万户,阶从三品,早年主要从事与日本和高丽等国的贸易活动,也兼做南洋的生意,后因熟悉南中国海路和东南亚风情,1293 年随亦黑迷失出海远征爪哇后任杭州路总管。其养父朱日新,是元朝北洋海漕航运的开创者朱清之子,任海道千户。杨枢正是在三代航海世家的环境中成长,特别是自小随其养父朱日新历练海上,积累航海经验,并对航海产生了浓厚的兴趣,从而"浮海"成为元朝著名的航海家。

二、三次出海远航波斯湾

1289 年,远在波斯的伊利汗国汗王阿鲁浑派遣兀剌台、阿不思哈和火者带

① 马啟亮. 16 世纪以前南海丝绸之路上的通使活动[J]. 世界海运,2017,40(9):7.
② 陈道德. 从我国古代航海事业的发展看"一带一路"的重大意义[J]. 文化发展论丛,2018(1):9.
③ 曹凛. 元朝海上丝绸之路[J]. 中国船检,2011(10):108-111.

领使团来到元朝大都,向元世祖忽必烈请求赐婚,因其遵循刚去世的妻子卜鲁罕哈敦的遗言,王后的继位必须由自己家族内的女性担当,因此请忽必烈选派一位和亡妻同族的女子嫁作妃子。17 岁的伯岳吾氏阔阔真公主被选中后,忽必烈派遣使团,护送阔阔真公主远嫁。开始,远嫁团队走传统的陆路前往伊利汗国,但因元朝与窝阔台汗国及察合台汗国之间战事又起,走了 8 个月,使团发现陆路已经无法通行,只能返回大都。此时马可·波罗和他的父亲尼古拉、叔父马飞刚从南洋出使归来,且他们在中国居留已有 16 年,也正想要返回意大利威尼斯,于是他们向大汗禀报了他们所访问各国的风俗习惯和自己航海的情况,也告诉伊利汗国的使者,说在这片海域中航行十分安全。

经过讨论,最后决定由伊利汗的 3 位使者陪阔阔真公主同去觐见大汗,向忽必烈说明由海路回国是如何方便而安全的,且根据刚航行归来的马可·波罗的体验,海行比陆行费用少、时间短,不如让使团从海路返回伊利汗国,3 个精于航海的威尼斯人正好可以作为向导同去①。忽必烈答应了他们的请求,并命马可·波罗随行,负责指挥全体船队的航程②,还允许他可由海路顺道返回意大利威尼斯(1295 年马可·波罗回到意大利)。朱日新被任命为此次航行船队的护送特使,作为朱日新的养子,年仅 15 岁的杨枢也随船队前往③。

这支远嫁团队先从直沽(今天津市内狮子林桥西端旧三汊口一带)乘漕船达刘家港(今江苏太仓市浏河镇),再换乘朱氏远航海船,靠泊泉州后渚港后一行人分乘 13 艘四桅帆船前往波斯湾。从刘家港开航时间为 1291 年初,远航船队经过爪哇、苏门答腊,横渡印度洋时突遭飓风,船队竟然漂流到了南非洲的马达加斯加,后由莫桑比克海峡北上,驶入阿拉伯海,两年后终抵达波斯湾中隶属于伊利汗国的忽鲁模思港城(今伊朗霍尔木兹)。两年中有数百人遭遇不幸,代表伊利汗国求亲的 3 位使者也只剩下一人存活,可见当年航程的艰难。1293 年,阔阔真公主到达时,阿鲁浑汗已死,阔阔真便按蒙古习俗嫁给了阿鲁浑之子合赞。后来合赞成为第七代伊利汗国汗王,阔阔真成为伊利汗国王后,可惜英年早逝,年仅 25 岁。

1301 年,海运千户朱日新不幸病逝,年仅 19 岁的杨枢便顶替养父掌管船队,因其家庭有海商背景,且具备航海能力,经朝廷的委派,便第一次率领本船队从上海港出发出海西洋从事贸易④。在印度半岛的西洋国(今印度洋马拉巴海岸的科

① 李鸣飞.走过海上丝绸之路的蒙古公主[J].文史知识,2018,(01):45-49.
② 曹凛.马可·波罗与中国的不解情缘[J].中国船检,2011(05):96-99.
③ 郑闰.郑和七下西洋与青花瓷釉料研究[J].南通航运职业技术学院学报,2014,13(04):74-79.
④ 张晓东.古代上海的大族与海上航运——以元代为中心的考察[J].许昌学院学报,2022,41(01):68-74.

泽科特一带)时,船队偶遇伊利汗国汗王合赞为感谢忽必烈赐婚而遣使臣那怀等赴元朝献礼一行,杨枢便让那怀等随船队一同回元朝京城。1303 年,杨枢船队载那怀平安回到中国,那怀等人成功去京城觐见了天子。杨枢载运那怀等人的行动不仅赢得那怀的信任,朝廷也十分赞赏这位初出茅庐、有胆有识的年轻人①。

　　1304 年,那怀因念及杨枢的海船稳定以及杨枢高超的航海技能,向元朝请求还由杨枢率船队护送他们一行回国。元文宗(孛儿只斤·图帖睦尔)深知杨枢精于航海,便同意了,并加任杨枢海运副千户一职。杨枢奉命以忠显校尉、海运副千户之职,佩戴金符,从刘家港出发,为护送伊利汗国汗王合赞所遣使臣那怀回国而远航波斯湾的忽鲁模思港城。这是杨枢第二次带队远航波斯湾,且海船和一切费用都是自己承担。至 1307 年,历经 3 年,方抵达忽鲁模思港城,可见远航之艰辛。杨枢此次远航波斯湾,沿循了第一次海路,即横渡印度洋,随印度洋东北季风南下,先至马达加斯加,再在南印度洋强盛西南季风推助下,经莫桑比克海峡,顺风顺水北向阿拉伯海,然后在季风、洋流推助下驶抵波斯湾。1310 年,杨枢船队返回国内,受到天子的接见。但因航行中感染瘴疠,不得不回家修养了 10 多年,直到1327 年才痊愈。后朝廷重新起用杨枢,任命他为昭信校尉,任常熟、江阴等地海运副千户(从五品),掌管海运和漕运等事务。1329 年,杨枢随货物抵达直沽后,旧病复发,回杭州医治,1331 年不治去世,葬于今海盐县的泊橹山②。当时朝廷升其为松江、嘉定等处的海运千户,但任命下达时他已经去世,年仅 49 岁。

三、创造了堪比郑和航海的功绩

　　杨枢年仅 15 岁便出发远航,在海上与长风远浪搏斗达 10 年之久。相比元朝其他航海家,唯有杨枢船队是南下马达加斯加岛后,再穿越莫桑比克海峡北上。杨枢船队的航线,比亦黑迷失、杨庭璧、汪大渊、郑和船队更为冒险,更为遥远。杨枢船队航行至忽鲁模斯港,即今霍尔木兹的异译,地处今伊朗东南米纳布附近,临霍尔木兹海峡,废址在霍尔木兹岛北岸,扼波斯湾出口处,为古代交通贸易要道,现被对岸阿巴斯港所取代,是郑和第三次下西洋时才到达的主要目的地。杨枢下西洋,在时间上比郑和早了 111 年。可以说,杨枢两次率队远航波斯湾,为明朝郑和下西洋奠基了航路基础并积累了经验。因此,元朝航海家杨枢的功绩,不亚于郑和七下西洋,杨枢是一位卓有功绩的航海家③。

---

① 陈丽华.存在与想象:泉州元代涉海墓志碑刻的历史书写[J].元史及民族与边疆研究集刊,2015(02):45-56.
② 曹凛.元朝海上丝绸之路[J].中国船检,2011(10):108-111.
③ 郑闻.杨枢两度远航波斯湾[J].郑和研究,2008(03):46-50.

第五节　周达观——撰写关于
真腊专著的航海家

一、周达观生平简介

周达观,公元 1266 年—1346 年,子达可,号草庭逸民,出身于浙江永嘉(今浙江温州市)有名望、有地位的家族①。1295 年,由温州港出发,奉命随元使赴真腊(今柬埔寨)访问,次年至该国居住 1 年左右,撰有《真腊风土记》一卷,记载了从浙江沿海航行到南海,直至古代柬埔寨的见闻,是有法、英、日文等多种译注本的珍贵国际历史文献。书中所记的"都城",即今柬埔寨吴哥。

二、出海远航至柬埔寨

1295 年 6 月,元成宗遣使招抚真腊,其中有周达观随行。次年 3 月 24 日从温州港出发,经福州、泉州、广州、琼州等港,穿越西沙群岛,沿湄公河航行,中途遭遇逆风,直到 7 月才进入真腊属境的真蒲(今越南头顿),穿过昆仑洋,溯流而上,渡过淡洋(今柬埔寨洞里萨湖),抵达真腊首都吴哥。周达观出使是从温州港乘海船出发的,在真腊结识了居住在吴哥 35 年之久的温州同乡薛某,依靠薛某的导引才顺利完成考察②。

作为随员的周达观,在停留真腊 1 年多的时间里,几乎游遍了国都吴哥全城,对于真腊,尤其是吴哥城的风土人情、文化艺术、政治经济等进行了全面考察。公元 1297 年 6 月,使团开始回国,8 月 12 日乘船抵达四明(今浙江宁波市)③。这次访问之后,真腊国也向元朝派遣了使者。从周达观在真腊的活动情况来看,他并不是元朝政府使团的正式成员,而是普通的随从人员,他的地位比较低微,行动也相应随意一些④。

① 段立生.关于《真腊风土记》的作者周达观[J].学术研究,1985(01):2.
② 蔡贻象.元朝周达观出使柬埔寨及今日意义[J].公共外交季刊,2015(02):112-115,130.
③ 余冬林.从《真腊风土记》看中柬之间的经济文化交流[J].四川省干部函授学院学报,2014(01):4.
④ 赵和曼.也谈周达观的柬埔寨之行[J].东南亚纵横,1987(02):30-34.

三、撰写唯一一部关于真腊的专著《真腊风土记》

回国后，周达观根据自己在真腊时的亲身见闻，写下了《真腊风土记》，详细反映了 13 世纪末柬埔寨吴哥王朝的各方面情况以及从元朝航行至真腊的海上航行情况。位于今柬埔寨的真腊，中世纪(1 世纪—17 世纪)曾是中南半岛吉蔑国的通称，据《明史·真腊传》记载，这个国家在明神宗万历后始改名为柬埔寨①。

《真腊风土记》，共 40 则，约 8 500 字，是现存唯一一部关于柬埔寨中古时代文物风俗生活的记载。《真腊风土记》总序中记载，周达观一行人所乘坐的巨船，吃水较深，无法停靠在岸边的港口，只有在所谓"第四港"的港口才可以进入，说明了元朝造船技术的先进和航海技术的进步。周达观正是在这样的背景下，成了中国与柬埔寨对外交流的杰出航海使者②。《真腊风土记》详细记录了从温州至真腊的海上丝绸之路航海线路。即从今温州出发，然后向西南穿过台湾海峡，再行驶到海南岛右下的海域，一路而下，暂停在越南等地进行补给，最后从湄公河的出海口，沿河向北上进入真腊。航线记录得非常清晰，给后代商船留下了一个可靠的航行依据②。

第六节　汪大渊——伟大的民间航海家

一、汪大渊生平简介

汪大渊，字焕章，1311 年生，卒年不详，祖籍江西南昌。父母期望其成才，因此用《论语》中"焕乎其有文章"的"焕章"为字。因其父母一直在福建做生意，汪大渊生活于福建泉州，很少回老家南昌，从小跟随爷爷生活。泉州位于福建东南沿海地区，港湾交错，水道深邃，是海外交通的重要港口。从泉州起航的海船开往近百个国家和地区。在泉州城内，居住着众多的大食人、印度人、波斯人。受父母亲经商的影响，以及泉州当时的地理环境的熏陶，汪大渊对远航海外产生了极大兴趣，于是就有了

---

① 周桓.西域南海交通史资料书举要[J].河北大学学报(哲学社会科学版),1985(03):7.
② 田明伟.《真腊风土记》的文献价值[J].图书馆学刊,2020,42(06):86-89,98.

两次西到直布罗陀,南到澳大利亚的远航历史。汪大渊不负所望,成为元朝著名航海家,中国古代最伟大的民间航海家,被国外学者誉为"东方的马可·波罗"。南昌人民为纪念他,特地在他的老家江西南昌青云谱区施尧村,用汪大渊的字"焕章",命名了一条"焕章路"。

二、二次出海远航下西洋

汪大渊分别在 1330 年、1337 年先后两次从福建泉州出海,第一次抵印度洋,第二次抵达南洋诸地。

汪大渊第一次远航是 1330 年—1334 年,由泉州港出海向西南,沿海南岛东北穿过西沙,经占城(今越南平定省的佛逝),到昆仑(今越南南部的昆仑岛)。然后,再转向西北的柬埔寨西南沿海,至泰国湄南盆地西境的苏邦,绕过泰国湾,经过马来半岛东北部克拉地峡附近的戎(春逢),向南到马来亚东北的吉兰丹(哥打巴鲁),经丁加卢(瓜拉丁加奴)、彭坑(北干)、古里地闷(潮满岛)、东西竺(奥尔岛),到新加坡及啸喷(廖内群岛的塞班卡岛)等地。再向西北经印尼须文答腊(苏门答腊)的东北进入急水湾(马六甲海峡),绕经须文答腊岛的西北沿海、喃口巫哩(亚齐角)和马来半岛南部的马六甲、西部的日丽(太平)等地,向马来半岛西岸北溯至安达曼海的针路(丹老群岛),穿过缅甸濒莫塔马湾沿海一带的孟族聚居地,抵达朋加剌(孟加拉国)。沿着朋加剌湾沿岸航行,向西南到印度半岛东北部的大乌爹(奥里萨邦)。继续向西南航行,经印度半岛东南部泰米尔纳德邦的沙里八丹(马德拉斯)、马都拉(马杜赖)、土塔(纳加帕塔姆)、古里佛(科泽科德)和马八儿屿(拉梅斯瓦兰岛)。绕过马纳尔海岸,到印度西南岸喀拉拉邦的小口具喃(安金戈)。沿印度半岛海岸向北航行,经下里(柯钦)、东淡邈(果阿)及向北约 30 英里的须文那古港。然后,向西北航行,经过印度古吉拉特邦的卡提阿瓦半岛西南岸的华罗古港和曼陀郎(卡奇一带)沿海,进入巴基斯坦海域。经过天竺(信德省)卡拉奇等主要港口,继续向西航行到波斯(伊朗),穿越阿曼湾,经甘埋里(霍尔木兹)进入波斯湾,抵伊朗法尔斯海岸的塔黑里(撒那威)。然后,向西北航行,到阿巴斯和伊拉克的波斯离(巴士拉)。沿底格里斯河北溯至西北部的麻呵斯离(摩苏尔)和伊朗西部的马鲁涧(马腊格)。然后返航波斯湾,沿阿拉伯半岛北岸向东出波斯湾,向南航行到也门的哩伽塔(亚丁),经亚丁湾进入红海,达沙特阿拉伯的伊斯兰教圣地天堂(麦加)。再航经埃及的阿思里(库赛),出红海到曼德海峡,绕过索马里的哈丰角,南航至索马里与肯尼亚之间的麻那里(马林迪),再经肯尼亚到坦桑尼亚的加将门里(达累斯萨拉姆)和层摇罗(桑给巴尔岛)。然后沿原线返航到印度半岛西南岸的安金戈。继续南航到北溜(马尔代夫群岛），折向东北达僧加利（斯里兰卡）的高郎步（科伦坡），横渡锡兰海峡到罗婆斯（尼科巴群岛），航至须门答腊的龙涎屿（亚齐）、花班卒、花面（多巴湖与帕尼河区域）。绕过该岛西南岸到东岸的淡洋（塔米昂），再向东北抵廖内群岛。又向西北沿马来半岛东岸上溯来时航路，1335 年返回泉州，历时 5 年[①]。

第二次远洋航行是 1337 年—1339 年。汪大渊再次从泉州港出航，航行的区域重点在南海诸国。航路沿着越南沿海区南下，绕过灵山（潘朗岬），到柬埔寨的西南海域，穿过泰国湾，沿马来半岛东岸南下至新加坡。然后，向西穿过马六甲海峡，经须门答腊沿岸抵达亚齐一带，然后转向该岛西南海岸。再沿爪哇岛北岸，在八节那间（北加浪岸）、重迦罗（苏腊巴亚）及苏门傍（马都拉岛）等地停靠。接着向北航至加里曼丹岛，在该岛的蒲奔（坤甸）、都督岸（达土角）及万年港（文莱）等地停留，几乎环岛一周。转东航至遐来勿（苏拉威西岛），继续东航至班达群岛，然后向北穿过马鲁古海峡至菲律宾的苏禄（苏禄群岛），再沿苏禄海区航行，在尖山（巴拉望岛）、毗舍耶（班乃岛）、麻逸（民都洛岛）、麻里鲁（马尼拉）等地停泊。最后航经中沙群岛、万里石塘（西沙群岛）和海南岛，于 1339 年夏秋间回到泉州，前后历时 3 年[①]。

三、撰写了史料价值极高的古代世界地理志《岛夷志略》

汪大渊两次出海远行，都是"附舶"前往的。汪大渊没有自己专门的船舶，也没有自己的生意，只是通过搭乘商船不断地航行，一段一段前往下一目的地，用这样一种形式完成航海的伟大壮举。汪大渊远航回国后，将自己两次远洋航行的所见所闻，真实地记录下来编辑成《岛夷志略》[②]。《岛夷志略》中所记载的 99个国家与地方，都是汪大渊亲眼所见的，他两次航海所到达的地方包括当时的南洋和西洋，也就是现在的太平洋西岸、印度洋沿岸以及非洲东岸。他是有记载以来，第一个到过这些地方的中国人。汪大渊回到南昌，以《岛夷志略》将这本书命名出版，从此开始流传，名扬海内外，到明朝《岛夷志略》又被收录到《二十四史》[③]中。

《岛夷志略》是汪大渊亲身经历的书写，是中国历史上一部凭"皆身所游览，耳目所亲见"而写的海外风土人情和海上航行情况的著作，其意义怎么评价都不

① 吴远鹏.航海游历家汪大渊与《岛夷志略》[J].中国港口，2018(S1)：49 - 55.
② 原名为《岛夷志》，清朝改名为《岛夷志略》。
③ 郑苏淮，王蓓.重温汪大渊的蓝色文明之旅：关于汪大渊与《岛夷志略》的再认识——《岛夷志略简注》序言[J].地方文化研究，2022,10(01)：94 - 105.

为过①。自明清以来亦对此书评价甚高,《四库全书》在评述它的价值时写道:"诸史外国列秉笔之人,皆未尝身历其地,即赵汝适《诸蕃志》之类,亦多得于市舶之口传。大渊此书,则皆亲历而手记之。究非空谈无徵者此。"②

《岛夷志略》是世界上最早记录东南亚和印度洋沿岸国家地理、风土人情和贸易往来的史书,向世界详细介绍了亚、非、澳等洲的 220 多个国家与地区的风土人情和贸易往来。首次对外国的气候特征按照冷、暖、热、凉、温进行分类,并记录了各地的季节、降雨、土壤、树木、农作物、工艺技术等,其中记载了 25 种植物、21 种动物、27 种商品,是一部珍贵的历史资料,为后人研究历史和远洋航海提供了翔实的史料。汪大渊对于南亚的描述代表了中国与南亚交往的一个新高峰,这在一定程度上是由于元朝中国的海外贸易比唐朝和宋朝更繁荣。

《岛夷志略》记载了当时台湾是澎湖的一部分、澎湖是泉州晋江县的一部分,盐课、税收都归晋江县,反映了台湾、澎湖在当时就是中国神圣领土的组成部分。

《岛夷志略》提供了南洋各国和印度洋沿岸各地航路、岛屿及各国地理情况的记载,为朝廷制定远洋船舶的航行路线及管理统辖全国船政事务提供了第一手资料,成为后来各朝代远洋船舶航行路线的标准版本,为海上丝绸之路的繁荣和拓展发挥了无可替代的作用。明朝郑和下西洋的航行线路也是按照汪大渊《岛夷志略》中所描述的远洋航路航行的。

随郑和下西洋的翻译官马欢、费信都曾阅读过《岛夷志略》,并在此基础上写下了《瀛涯胜览》和《星槎胜览》,其中约一半的内容直接来源于《岛夷志略》。明代地理学家张燮所著《东西洋考》一书中也引用过《岛夷志略》。可以说,《岛夷志略》推动了明朝航海和地理学的发展。

《岛夷志略》有两节记载了澳大利亚的情况。当时,中国人还不知道澳大利亚是一块大陆,因此将其称为"罗娑斯",将其北部称为"麻那里"。中国人认为澳大利亚是世界最南端,因此也称其为"绝岛"。汪大渊在书中提到了澳大利亚的土著居民,还记载了澳大利亚的一些物种,如亚鹤和石楠树等,也记载了澳大利亚北部的沼泽地(安亨半岛的基培利台地)。

元朝时期,泉州的海外贸易逐渐走向巅峰,泉州成为中国主要的对外贸易港口。泉州与海外许多国家和地区进行贸易,是舶商云集的东南巨镇,其海外贸易超过广州,成为与埃及亚历山大港并列的世界大港。

---

① 郑苏淮,王蓓. 重温汪大渊的蓝色文明之旅:关于汪大渊与《岛夷志略》的再认识——《岛夷志略简注》序言[J]. 地方文化研究,2022,10(01):94-105.
② 王小军. 南昌旅游开发思路论析——以历史人物汪大渊为考察对象[J]. 南昌高专学报,2008(02):26-27.

汪大渊以民间观察者的身份，客观呈现了中华民族对外和平交往的历史。印尼人每年期盼中国的商船能到他们那里去；菲律宾人说和中国人谈好价格后，中国人会始终信守承诺，从不爽约；文莱人最喜爱中国人，碰到喝醉的中国商人会扶他们回去……《岛夷志略》中虽然只有寥寥数语，却以普通人的视角展示了中国人的善良和友好的国际形象。

因此，从远航时间来看，汪大渊第一次下西洋是1330年，比郑和早75年，比哥伦布早162年；从航行距离来看，汪大渊到达非洲东部及欧洲南部，郑和到达非洲东部和红海口，哥伦布横渡大西洋，到达巴哈马群岛及南美洲大陆沿岸，汪大渊的航程最远①；从著作传世来看，汪大渊撰写了《岛夷志略》，而郑和是由随行人员马欢撰写了《瀛涯胜览》、费信撰写了《星槎胜览》、巩珍撰写了《西洋番国志》，哥伦布并没有这方面的著述传世②。

① 张吉昌. 宋元时期发展泉州海交贸易若干人物略考[C]//中国航海学会. "泉州港与海上丝绸之路"国际学术研讨会论文集. "泉州港与海上丝绸之路"国际学术研讨会论文集，2002：379-393.
② 郑苏淮，王蓓. 重温汪大渊的蓝色文明之旅：关于汪大渊与《岛夷志略》的再认识——《岛夷志略简注》序言[J]. 地方文化研究，2022，10(01)：94-105.

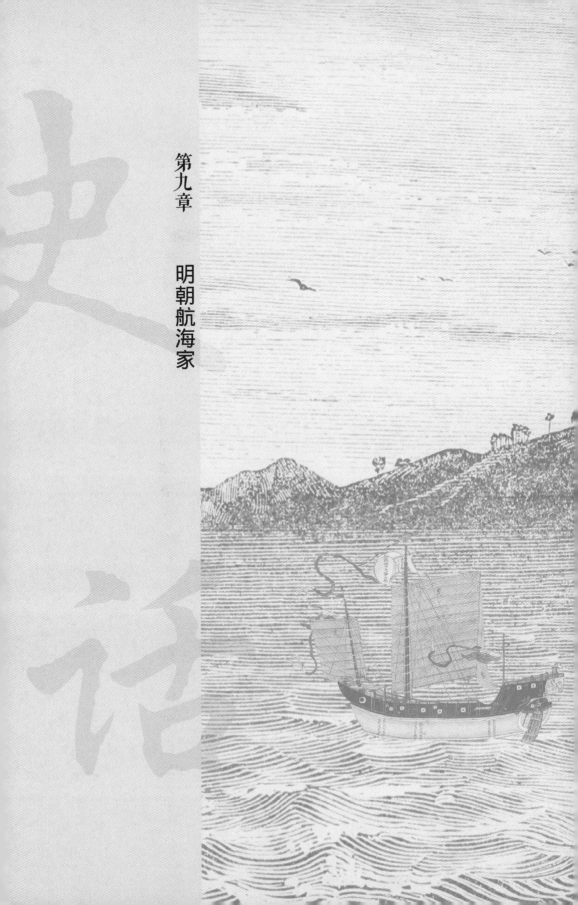

第九章

明朝航海家

第一节 明 朝 概 述

一、明朝的建立与灭亡

明朝,1368 年—1644 年,是中国历史上最后一个由汉族建立的大一统中原王朝,共传 12 世,历经 16 帝,享国 276 年。1368 年,朱元璋在应天府(今南京市)称帝,国号大明,建元洪武,建立了明朝。明朝的领土曾囊括今日内地 18 省之范围,并曾在今东北地区、新疆东部等地设有羁縻机构。明初以应天府(今江苏南京市)为京师,明成祖朱棣在位时以顺天府(今北京市)为京师,将应天府改为留都。明朝的历史大致可分为 3 个时期:从洪武到宣德为明前期、从正统到隆庆的 100 多年为明中期,万历以后为明后期。明前期国力强盛,朱元璋平定天下后,一方面减轻农民负担,另一方面政治上进行大刀阔斧的改革使社会经济得到恢复和发展,史称"洪武之治"。从永乐到仁宣,北进蒙古,南征安南,遣郑和下西洋,整个王朝呈现蒸蒸日上的气象。万历朝中期始,皇帝怠政,官员腐化。天启年间阉党专政加快了明朝衰亡的进程。至崇祯年间,国家内部饥荒频仍,民变不断,加之外患持续。1644 年李自成攻入北京,崇祯帝在北京煤山自缢殉国,明朝灭亡。

二、明朝的海上交通活动

明朝的航海活动,前期以官方为主体,郑和下西洋活动停止后,明廷对航海活动逐渐冷淡。但是在明朝官方不断的开海和禁海之间,民间的航海活动始终没有断绝,也构成了明后期航海活动的主要力量,明朝的海上交通得到拓展,航行的范围也得到扩大。

东北亚航线暗通日本。中日很早就有了航海往来。明朝由于倭患和丰臣秀吉侵朝等原因,官方将对日贸易列为禁区。但与日本贸易往来的利润远比前往东南亚等国要高,因此民间的中日海上通道往来并未停止。中日间形成了"广州—澳门—日本"航线,海上贸易航线也成了明中后期海外输入白银的三条主要渠道之一。

东南亚航线得到加强。东南亚是中国航海线路中常出现的目的地,不仅官方船舶经常造访,同时民间海外移民也常借助航道前往南洋讨生活。《顺风相送》中对越南、柬埔寨、泰国等东南亚国家多有记述,在郑和航行的记录中对航线当地的风土人情、文化习俗等记载更为详细。但明后期受西班牙殖民者的残酷政策影响,东南亚航线上的贸易往来骤然减少。

前往非洲的航线越发熟悉。明代延续前代的海上航行路线,远航到非洲东海岸。过马六甲海峡后,向西就进入了印度洋。再经过南亚诸国,入亚丁湾,最终到达红海以西、以南的非洲。海上航道成了中国与南亚、非洲的这些太平洋、印度洋沿岸的相关国家的主要联系通道。

欧洲航线不断发展。从广州出发有两条航线可以直通西欧。一条是经马六甲海峡,横渡印度洋,经过非洲南端好望角,沿非洲西海岸到达西欧;一条是经菲律宾,往太平洋方向绕过麦哲伦海峡,再横渡大西洋达到西欧。这两条线路都漫长且冒险。明中叶,东来的欧洲殖民者经海路在东亚海域展开了激烈的商业和势力竞争。万历年间,从广州前往里斯本的航线成为中西方贸易的重要航线,中国通往葡萄牙的海道也在不断发展。

跨越太平洋直达拉美。明万历年间,广州就有了通过马尼拉中转直航墨西哥、秘鲁的航线。这条航线全程需要半年左右,但由于航线贸易利润丰厚,商船仍屡屡前往美洲。

总之,明朝拓展了海上航线范围,其发达的海上交通为海上贸易、海上交流等都提供了便利的渠道。

三、明朝的造船和航海技术

明朝航线的拓展和海上交通的发展,对造船工业提出了新的命题,到郑和大航海时,可以说中国古代造船业发展到了巅峰阶段。

明初的船舶种类繁多,有服务皇室的黄船、有专用于海上漕运的遮阳船、有河运用的浅船、有配送官家货物的马船(风快船)、也有御敌作战用的战船(也叫倭船),还有普通民用内河船[①]。明朝的船体型雄伟,李约瑟博士在其《中国科学技术史》[②]中说过,如果有人把达·伽马的船和郑和的船做比较,首先就可以看出,最明显的差别是郑和的船舶特别大,有许多是 1 500 吨级的。15 世纪欧洲航

---

① 方楫. 明代的海运和造船工业[J]. 文史哲,1957(05): 46-52.
② (英) 李约瑟著. 中国科学技术史[M]. 北京:科学出版社,2003.

海家的舰队无论是在船舶数目、重量方面，还是在人员方面与郑和的舰队相比，都相差甚远。如欧洲航海家的先驱亨利王子，所用的船舶排水量不过 50 吨。15 世纪初期的中国，以高超的传统造船技术、巨大船舶，掌握了优良的航海技术，使郑和下西洋达到了这一航海阶段的高峰。

明朝的船在构造上也很精密、操控性强，造船工艺日渐严密精准。譬如船上的重要构造都有明确的比例：桅杆高度少舟长 1/50，樯枰之衡为舟之阔……同时还根据航线的具体情况，设计适合航行的不同船体。江南航行的船舶船底平阔，可以在沙面行走或停泊；在海礁复杂的南海航行船安装大龙骨，方便转弯趋避。永乐五年，为郑和下西洋，全国各地的优秀造船工匠集中在宝船厂内，特地改造了 249 艘船。这种出使船队所使用的船舶，在设计和建造上都经过特别研究，宽阔且坚固，其中最突出的是水密隔舱设计、广泛使用的多层船板和独特的榫接钉合工艺等①。

明朝倭患严重时，建造有威力的海上战船是一项紧迫的任务。福建制造的福船，广东制造的广船，都高大坚固可容纳上百人，在海战中形成巨大威慑力。为了保证船体的密封性，明朝造船对所需木材、铁钉的选用，对弥合缝隙所需的桐油等数量的精准都令后人叹为观止。

明朝的航海技术主要表现在对海洋综合知识的运用以及航行技术方面有较大的提高与进步。在航路航向上，明朝指南针的应用更为普及与精准。指南针在航海的运用，其实北宋年间就已开始，航海中用指南针引路，所以叫作"针路"，属航海图的一种。明朝的《顺风相送》中已经有"定三针方法""定四针方法"。几个指南针一起运用于确定航向，还必须有计量单位，以确定航程。至迟在明代已以"更"作为计量单位运用于航海之中。明清时期，一更约为 60 里计。因此，"更"并非是一个单纯的计时单位，而是指一更时间内，船舶在标准航速下所通过的里程。以"更"用于航海，也是明代航海技术发展的一个标志，它与指南针结合，可以推算船位航速，令航行路线方向更为精确，明代"针""更"结合的航海方法已十分普遍。

在航海图绘制上，明朝也作出了重大的贡献。虽然宋元时期已有航海图样问世，但只是以沿海地区为主，远洋航海似未能备及。直至明代，航海图的绘制已有很大的进步，具有很高的水平，不仅沿海地区，海外远洋地区也有掌握，最典型的是明朝人茅元仪所辑《武备志》卷 240 附图上所载的《郑和航海图》。该图自南京绘图，一直至东非沿岸，航图遍及广大西太平洋与印度洋海岸地区。"郑和

---

① 方楫. 明代的海运和造船工业[J]. 文史哲，1957(05)：46-52.

航海图"采用"对景法"记录了航海过程中见到的地形、地貌、地物及其各种名称标注,包括停泊处、礁、浅滩、居住地等,记载了530多个地名,其中外域地名有300个;同时还分别绘明了30多个国家方位,14条航线与距离,详细记录了各地的气象、地文、水文、船艺、碍航物等各种导航要素,及具体的针路,就其导航的功能与精度来看,可称得上是世界首创①。

利用天文进行海上导航。观天象,包括星位、信风及海流潮汛的变化规律。利用牵星术可以确定船舶的位置和航向。牵星术,乃是当时一种利用天文状况进行测位的航海技术。即在船上利用牵星板来观察某一星辰的高度,借以确定船舶所在的地理位置。特别是在深海中,地形水势难以提供有效的识别,无所凭依,往往以天象来确定航位。在《郑和航海图》中有4幅图文并茂的"过洋牵星图",以测天定位,指导航行。据统计,图上有牵星记载近70处,其中16处直接标在航线上,34处标在沿海和岛屿上,近30处标在过洋牵星图上②。利用日月星辰来辨别航行方向标志着郑和船队已经熟练地将天文与指南针结合起来导航。在中国称其为"天文航海图",英国著名科学家李约瑟在《中国科学技术史》(即《中国的科学与文明》)③中评论《郑和航海图》是世界上最早的一幅真正科学的海图。

明朝对海上风云气候、海流潮汐的变化规律也十分熟悉。《顺风相送》和《指南正法》中就有许多关于这方面的气象记录和歌诀,说明了明朝对航海天象的认识与重视,如《顺风相送》中"逐月恶风法""定潮水消长时候""论四季电歌""四方电候歌"等。按农历月日,对海洋气象的风雨规律作了详尽的记述。对信风的利用,明朝费信在《星槎胜览·占城图》中云:"十二月,福建五虎门开洋,张十二帆,顺风十昼夜至占城国。"又明朝马欢在《瀛涯胜览·满喇加》中谓,归航,"等候南风正顺,于五月中旬开洋回还"。表明明朝对季风规律的掌握与运用,已经十分得心应手。

对照15世纪前后的西方航海技术,中国明朝的航海技术和多种航海图是最先进的,具体表现在:不断改进的天文测量技术和指南针技术相结合,可确保远洋航船在任何气象条件下都不会迷失方向;独创了"牵星术",绘制的"过洋牵星图"更能准确定位航行在大海中的船舶;基于写实"对景法"的古航海图,绘出了航线与距离标注,以及详细的沿岸地形、地物和海中岛屿、礁盘,并配有相应的说

---

① 梁迅.中国明代航海图特色探讨[J].地球信息科学学报,2016,18(01):32-38.

② 刘南威,李竞,李启斌.记载郑和下西洋使用牵星术的海图[J].地理科学,2005(06):6748-6753.

③ (英)李约瑟著.中国科学技术史[M].北京:科学出版社,2003.

明或图说,已成为航海活动中必不可少的重要工具之一^①。

第二节　郑和——最负盛名的航海家

一、郑和生平简介

郑和,1371年—1433年,原本姓马,小字三宝,回族,云南昆阳(今昆明市晋宁县)人。郑和的祖先是元朝初期迁入云南的贵族,世代信奉伊斯兰教。他的祖父和父亲都曾经跋涉千里,朝觐圣地麦加,故而熟悉海外,被当地百姓尊称为"哈只",即"巡礼人"或朝圣者之意。郑和母亲姓温,非常贤良。郑和有一个哥哥、两个姐姐,哥哥叫马文铭。马家在当地很受人们的尊敬。

1381年朱元璋为了消灭盘踞云南的元朝势力,派手下傅友德、蓝玉等率30万大军,发起明平云南之战。在战乱中,年仅11岁的郑和被明军俘虏,在军中做秀童。14岁时,郑和被选派入北平燕王府,成为燕王朱棣的侍从。燕王挑选学识丰富的官员到府中为侍从授课,郑和由此受到了良好的教育。由于郑和身材魁梧,知识丰富,思维敏捷,出色地完成了燕王委派他的使命,得到朱棣的器重,对其信任达到"内侍中无出其右"的程度,尤其是在此后随侍朱棣的过程中,南征北战,历经数次重大战役。在靖难之役中,郑和在河北郑州(今河北任丘市北,非河南郑州,另一说为"燕京郑村坝",今北京市东坝村)立下赫赫战功。明成祖朱棣为表彰其战功,在南京御书"郑"字赐其姓,从此"郑和"之名开始使用。同时,郑和升迁为内官监太监,相当于正四品官员,史称三宝太监。

郑和先后7次奉命率领船队下西洋,以航海壮举闻名于世,其人生的重点也在海上。第七次下西洋时郑和已年迈体衰,在远航中途去世,就地落葬,遗命部下将其衣冠及抄本佛经送还明朝。

二、奉命七次率领船队下西洋

郑和航海生涯,始于永乐元年。郑和航海的最主要事迹是率船队七下西洋。

---

① 梁迅.中国明代航海图特色探讨[J].地球信息科学学报,2016,18(01):32-38.

郑和自1405年到1433年,先后七次出使西洋,共历28年。郑和第一次下西洋在1405年7月11日,从太仓刘家港扬帆起航,1407年10月2日回到国内。第二次下西洋在1407年10月13日,1409年夏回到国内,驻泊刘家港。第三次下西洋在1409年10月,1411年7月6日回到国内。第四次下西洋在1413年11月,1415年8月12日回到国内。第五次下西洋在1417年6月,1419年8月8日回国。第六次下西洋在1421年3月3日,因遇险返回。第七次下西洋在1431年1月19日,途中郑和因劳累过度,于1433年4月初在印度西海岸古里去世。船队由副使王景弘率领返航,于1433年7月22日回到国内。为纪念这段历史,经中华人民共和国国务院批准,自2005年起,每年的7月11日被定为中国的航海日,并规定全国所有船舶鸣笛挂彩旗,系取郑和首次下西洋之日期1405年7月11日。

1. 第一次下西洋

1405年7月11日朱棣命正使郑和、副使王景弘率士兵28 000余人出使西洋,造长44丈宽18丈大船62艘,从苏州刘家河泛海到福建,再由福建五虎门扬帆,先到占城(今越南中南部地区),后向爪哇方向南航。1406年6月30日在爪哇三宝垄登陆,进行贸易。时西爪哇与东爪哇内战,西爪哇灭东爪哇,西爪哇兵杀郑和士兵170人,西王畏惧,献黄金6万两,补偿郑和死难士兵。随后到三佛齐旧港,时旧港广东侨领施进卿来报,海盗陈祖义凶横,郑和兴兵剿灭贼党5 000多人,烧贼船10艘,获贼船5艘,生擒海盗陈祖义等三贼首。郑和船队后到过苏门答腊、满剌加、锡兰、古里等国家。在古里赐其王国王诰命银印,并起建碑亭,立石碑"去中国10万余里,民物咸若,熙嗥同风,刻石于兹,永示万世"。

2. 第二次下西洋

1407年9月13日,郑和在回国十几天后,就第二次下西洋了,主要访问了占城、爪哇、暹罗(今泰国)、满剌加、南巫里、加异勒(今印度南端)、锡兰、柯枝(今印度西南岸柯钦一带)、古里等国,于1409年夏间回国。郑和专程到锡兰,对锡兰山佛寺进行布施,并立碑为文,以垂永久。碑文中记有"谨以金银织金、纺丝宝幡、香炉花瓶、表里灯烛等物,布施佛寺以充供养,惟世尊鉴之"。此碑于1911年在锡兰岛的迦里镇被发现,现保存于锡兰博物馆中,是用汉文、泰米尔文及波斯文所刻,今汉文尚存,是中斯两国友好关系史上的珍贵文物,也是斯里兰卡的国宝。第二次下西洋人数据记载有27 000人。

3. 第三次下西洋

1409年10月郑和船队从太仓刘家港启航,王景弘、姚广孝、费信、马欢等人会同前往,到达越南、马来西亚、印度等地,回途中访锡兰山,1411年7月6日回国。在《大唐西域记》中,明朝的注中有这样的记载:"皇帝遣中使太监郑和,奉香花往诣彼国(指锡兰,今斯里兰卡)供养……当就礼,请佛牙(传为释迦牟尼的牙齿,据说释迦牟尼遗体火化后,牙齿完整无损,称为佛牙舍利)至舟,灵异非常,光彩照耀……永乐九年七月初九至京师。皇帝命于皇城内庄严旃檀金刚宝座储之……"永乐九年正是郑和第三次下西洋期间。

4. 第四次下西洋

1413 年 11 月郑和船队出发,随行有通译马欢,绕过阿拉伯半岛,首次航行至东非麻林迪,1415 年 8 月 12 日回国。同年 11 月,麻林迪特使来中国进献"麒麟"(即长颈鹿)。第四次下西洋人数据记载有 27 670 人。

5. 第五次下西洋

1417 年 6 月郑和船队出发,随行有蒲寿庚的后代蒲日和,途经泉州,到占城、爪哇,最远到达东非木骨都束、卜喇哇、麻林迪等国家,1419 年 8 月 8 日回国。

6. 第六次下西洋

1421 年 3 月 3 日郑和船队出发,往榜葛剌(今孟加拉国),史载"于镇东洋中,官舟遭大风,掀翻欲溺,舟中喧泣,急叩神求佑,言未毕……风恬浪静",中道返回,1422 年 9 月 2 日回国。1424 年朱棣去世,仁宗朱高炽即位,因经济空虚,下令停止下西洋的行动。

7. 第七次下西洋

1431 年 1 月郑和船队从龙江关(今南京市下关)启航,返航时,郑和因劳累过度于 1433 年 4 月初在印度西海岸古里去世,船队由太监王景弘率领返航,于 1433 年 7 月 22 日返回南京。第七次下西洋人数据记载有 27 550 人。计下西洋官校、旗军、勇士、力士、通士、民稍、买办、书手、通共计 27 670 名;官 868 员、军 26 802 名;正使太监 7 员、少监 10 员、监丞 5 员;内官内使 53 员、户部郎中 1 员、都指挥 2 员;指挥 93 员、千户 140 员、百户 430 员;教谕 1 员、阴阳官 1 员、舍人 2 名、余丁 1 名。医官、医士 180 名。

三、开创彪炳史册的航海伟绩

郑和船队,7 次纵横往返于太平洋与印度洋之间,航程 10 万余里,到达东南亚、南亚、阿拉伯和东非等地区,这是世界航海史上前所未有的壮举,也是人类越洋跨洲航海史上的一座里程碑。

1. 为世界航海事业的发展作出杰出贡献

要在大洋上进行万里远航,必须熟悉所经海道、海岛、山川水势、水文气象、东西洋水域分布和环境条件。为此,早在出发前的几年中,郑和就对东南沿海海道多次测量,积累航海技术,广泛征集海图和各种航海资料①。《顺风相送·序》中就记载明朝旨令出使西洋者预先做好航海事务的准备工作。《海底簿》记载:"永乐元年,奉旨差官郑和、李兴、杨敏等,出使异域,前往东西洋等处。一开谕后,下文索图,星槎、山峡、海屿与水势,图为一书。务要选取山形水势,日夜不致误也。②"《宁波温州平阳石矿流水表》记载:"郑和等人永乐年间,再次校正牵星图样,测量海岛山屿水势,绘成航海图录。"

郑和下西洋不仅打通了海外通道,开辟了沟通东南亚、南亚、西亚和东非等地的航线,而且留下了许多宝贵的航海资料和途经各地的详细记载。郑和对西太平洋和印度洋进行的海洋考察,搜集和掌握的海洋科学数据,为后世提供了很好的历史基础。《郑和航海图》就是通过大量海洋调查绘制而成。这种海洋考察活动比世界记载最早的 1872 年—1876 年英国的"挑战者"号进行海洋调查早了400 多年①。

郑和下西洋的船队是当时世界上最庞大的远洋船队。郑和每次出海,都有大海船 60 艘左右,加上中小船舶共有百余艘,有时多达 200 余艘。郑和每次出使,航行人员的数目虽不尽相同,但均在 20 000 人以上。从航海船舶的建造水平看,郑和舟师的船舶在当时世界上是数第一流的。其中的大船(宝船)"体势巍然,巨无与敌。篷、帆、锚、舵,非二三百人莫能举动。"据明钞说集本《瀛涯胜览》卷首记载,下西洋的宝船共 63 号,"大者长四十四丈四尺,阔一十八丈;中者长三十七丈,阔十五丈。"若折合现代的公尺计算,大型宝船长约 152 米,宽 61 米;中型船长约 136 米,宽 51 米。这种庞大的宝船载重量大,估算应属 1 500 吨级至2 500 吨级的船舶③,这无疑是当时世界上体型最大的航海船。郑和的航海成就并不比西方人的航海逊色,而且在航海的时间、船队的规模乃至航海技术等方面,均为哥伦布等人的航海活动所望尘莫及。

2. 打通了中国和东南亚的海上贸易之路

处于东西海路交通要道上的东南亚地区,其经济发展离不开海上贸易,尤其是海上中转贸易。明初中国实行严厉的禁海政策,严重阻碍了中国与包括东南亚在内的海外各国的商贸往来。郑和下西洋打破了洪武年间的海禁政策,打通了中国和东南亚的海上贸易之路,双方贸易得到迅速发展,为东南亚地区和明朝

---

① 范金民.郑和下西洋在世界航海史上的地位[J].江苏社会科学,2005(01):201-204.
② 《海底簿》手抄本,转引自郑鹤声、郑一钧编.郑和下西洋资料汇编(下册)[M].济南:齐鲁书社,1989,252.
③ 马超群.郑和航海在世界历史上的地位与作用[J].东南亚,1992(04):8-13,21.

带来了双赢的结果。东南亚各国人民从与郑和船队的贸易中获利丰厚,并最终促成联系欧、亚洲的东南亚地区贸易圈。统计相关史料,在郑和下西洋期间,从东南亚输入中国的货物多达 185 种。众多的海外货物输入中国,不仅丰富了人们的物质生活,而且为中国动物植物学、医药学和瓷器、玻璃等制造业的发展,增添了新的外来成分①。

郑和下西洋创造了一个以"礼"为核心的和平的国际政治和贸易秩序。它扩大了朝贡贸易的范围,推动了朝贡贸易的空前发展,乃至整个亚洲贸易网络的形成;在马六甲设立据点,扩大了与各国商人的贸易往来,并促使马六甲从荒僻的小渔村发展成为国际贸易中心。明初,亦即 15 世纪初年,朝贡体系的建立推动了朝贡贸易空前发展,通过郑和下西洋,亚洲贸易网络形成,在这一网络基础之上,亚洲区域贸易的整合得以实现,东西方的连接也由此完成。国家权力通过朝贡体系的建立,介入区域合作的整个历史进程,为各国间官方贸易奠定了有力的基础,这一亚洲历史上区域贸易合作的开端,深刻地影响了后世。下西洋结束以后,在海道大开的背景下,民间私人海上贸易蓬勃兴起,东西方贸易进入了一个崭新发展阶段。可以这样说,郑和下西洋不仅开辟了海上丝绸之路,打通了中国的对外贸易大门,而且间接地扩充了中国人的地理知识,促成更多的中国人前往南洋等地经商和谋生,对中国移民在海外生存和发展,以及海外华人社会的形成产生了积极影响②。郑和下西洋时在海外建了一些物资中转站,如占城、古里、满刺加等地,这些地方后来都成了华侨聚居点。东非肯尼亚的巴狄岛上加村的法茂人,就自称是郑和船队水手的后裔。

3. 展现了中国对外交流的和平基调

郑和下西洋宣扬了"天朝"声望。《皇明祖训》说过:"四夷顺则中国宁",因此,明政府将朝鲜、日本、大琉球国、小琉球国、安南、真腊、占城、苏门答腊、爪哇等 15 国列入"不征之国"。与西方人的航海不同,郑和下西洋的动力是政治的而非经济的。明成祖朱棣雄才大略,他不惜耗费巨资差遣庞大船队出使 30 余国,并非到海外掠夺金银财宝来进行资本的原始积累,而主要目的在于扩大明朝的政治影响,加强同亚非各国的友好往来,建立朝贡关系,谋求一个和平安定的国际环境,以利于巩固自己的政权,恢复和发展因多年战乱而破坏的社会生产,实现国泰民安的"太平盛世"③。郑和不仅是一位杰出的航海家,也是一位杰出的政治家和外交家。他在海洋上劳苦奔波近 30 年,顺利完成了明成祖赋予他的政

---

① 刘稚. 郑和与东南亚[J]. 今日民族,2005(07): 12 - 15.

② 万明. 郑和下西洋与亚洲国际贸易网的建构[J]. 吉林大学社会科学学报,2004(06): 68 - 74.

③ 马超群. 郑和航海在世界历史上的地位与作用[J]. 东南亚,1992(04): 8 - 13,21.

治使命,与亚非 30 余国建立了友好关系。永乐年间,外国贡使来华者"相望于道",络绎不绝,基本上实现了朱棣所向往的"四夷顺""中国宁"的局面。

郑和下西洋之后,许多亚非国家纷纷派使臣来华,永乐年间郑和曾到的海外各国派使臣来华的就有 300 多次,国王率团来华访问的有 4 个国家的 11 位国王,其中有 3 位国王逝世后安葬于我国:苏禄国东王葬于德州,渤泥国王葬于南京,古麻拉朗国王葬于福州。今天东南亚有很多地区怀念郑和,为他修庙,焚香祭祀。印度尼西亚爪哇省首府称三宝垄,是世界上唯一用郑和的名字命名的城市,城内还有两处与郑和有关的著名建筑:一个是传说为郑和登陆地点的三宝洞,一个是后来兴建的大觉寺,即三宝庙,香火极盛。马六甲则有一个郑和文化馆,馆内船具、瓷器等展品众多,场景、人物造型栩栩如生,生动再现了郑和下西洋时的壮阔场景,以及向当地民众传播农业、渔业、纺织业等方面先进生产技术的鲜活画面。

4. 维护亚洲各国的安全稳定

据《明史·郑和传》记载郑和出使过的城市和国家共有 36 个:占城、爪哇、真腊、旧港、暹罗、古里、满剌加、勃泥、苏门答腊、阿鲁、柯枝、大葛兰、小葛兰、西洋琐里、苏禄、加异勒、阿丹、南巫里、甘巴里、兰山、彭亨、急兰丹、忽鲁谟斯、溜山、孙剌、木骨都束、麻林地、剌撒、祖法儿、竹步、慢八撒、天方、黎代、那孤儿、沙里湾尼(今印度半岛南端)、不剌哇(今索马里境内),部分专家、学者认为还到过澳大利亚、美洲、新西兰、南极洲等地。

郑和下西洋前,中国周边的国际环境动荡,主要表现在东南亚地区各国相互猜疑,互相争夺。当时东南亚两个最大的国家爪哇和暹罗对外扩张,欺压周边一些国家,威胁满剌加、苏门答腊、占城、真腊,甚至在三佛齐,还有杀害明朝使臣的,拦截向中国朝贡的使团;再加上海盗猖獗,横行东南亚、南亚海上,十分嚣张,海上交通线得不到安全保障。这些不稳定的因素,一方面直接影响中国南部的安全,另一方面影响了明朝的国际形象,不利于明朝的稳定和发展。在这种形势下,明朝皇帝采取了"内安华夏,外抚四夷,一视同仁,共享太平"的和平外交政策。派遣郑和率领船队下西洋,通过各种手段调解和缓和各国之间矛盾,维护海上交通安全,从而把中国的稳定与发展同周边联系起来,试图建立一个长期稳定的国际环境,提高明王朝的国际威望。郑和下西洋调解矛盾,平息冲突,消除隔阂,有利于周边的稳定,维护了东南亚、南亚地区稳定和海上安全,提高了明朝的声望①。

---

① 时平.郑和下西洋的历史功绩[J].珠江水运,2005(08):50-51.

郑和下西洋对南中国海的开发和利用作出了重要贡献,消灭了东南亚地区海盗,稳定了南中国海周边局势,保证了海上贸易和海防安全;调解与缓和了东南亚各国的冲突和矛盾,推动了这一地区的和平、稳定与发展;对南中国海及周边进行了积极的规划和开发,有效地遏制了来自海上对中国的威胁,有力地掌握着南中国海的海权,维护了中国的主权。

5. 开辟了越洋跨洲的航线

郑和船队的航线,不仅为亚太地区的经济发展与繁荣作出了极大的贡献,同时也是一条在战略上比较重要的航线。当葡萄牙的航海家达·伽马沿非洲西海岸绕过好望角,抵达东非海岸时,当地人就告诉他几十年前中国人曾几次来到这里。他们在阿拉伯领航员的帮助下,沿着郑和船队开辟的航线到达了印度。

郑和远航非洲向世界宣示的不仅是中国人在欧洲人到达非洲之前就已经访问非洲,而且与非洲人公平贸易、和谐相处,更有中非之间的文化交流、理念交融。中非学界对此的研究,为中非携手打破以"欧洲发现非洲论"和"中国威胁论"为代表的"西方中心论"有着积极意义①。"欧洲发现非洲论"是一种从"欧洲中心论"出发阐释欧非关系的观点。这一观点认为 15 世纪欧洲探险者最早发现了非洲大陆,以 1415 年葡萄牙探险家亨利王子率兵占领摩洛哥休达建立起第一块非洲殖民地为标志,将占领休达作为欧洲殖民者沿着非洲西海岸驶向东方的第一步,是整个西方世界向外扩张的开端。这种观点的实质在于通过认定欧洲人最早建立起与非洲的联系,从而宣扬是欧洲白人最早将贸易和文明带到了落后的非洲,而此前的非洲没有历史,无非是原始部落的大杂烩,进而在对比中忽略和蔑视非洲固有的历史与文明,特别是抹杀了非洲人民在人类历史进程中的重要地位和影响。"欧洲发现非洲论"绝不仅是一个学术观点,而是强化了"西方中心论",为殖民侵略和殖民统治制造借口。对此,1962 年 12 月 12 日,加纳总统恩克鲁玛在第一届非洲学家大会上致辞时指出:"这些早期的欧洲著作的动机纯粹是经济的而不是科学的……这样就为从经济和政治上奴役非洲做好了准备。因此,非洲既无法展望未来,也无法回顾过去。"①

郑和远航非洲这一史实,有力地回击了"欧洲发现非洲论""非洲无历史"等观点。郑和船队远航证明了"两个早于":中国人早于欧洲殖民者访问非洲,早于欧洲殖民者定居非洲。恩克鲁玛曾说:"(18 世纪)中国人对索马里、马达加斯加和桑给巴尔都有详细的认识。他们在非洲其他地区作过广泛的旅行。"②南非学者戴维·韦勒斯提出"第一批看到桌山的外来人是中国皇帝的船队水手。他

---

① 李新烽.郑和远航非洲与中非文明互鉴[J].中国社会科学,2022(05):162-182,208.

们在永乐帝的大太监郑和率领下，于1433年—1434年以前来到南非，绕过了好望角"。[1]南非驻华大使顾坦博说："越来越多的令人信服的证据显示明朝著名航海家郑和的船队曾在15世纪20年代绕过了好望角。"[1]在哥伦比亚大学、田纳西大学开设的有关郑和航海的线上课程中，就对郑和下西洋的历史给予了肯定和客观的叙述，认为郑和远航非洲的壮举在世界历史上无与伦比，其距离和规模令人震惊，并清晰讲述了郑和7次航行的具体路线，包括访问非洲国家的航海图。还有不少西方学者研究郑和远航非洲的"宝船"，虽然对"宝船"尺寸存在争议，但通过对1962年南京出土的舵杆与1973年泉州沉船的考察可以说明，当时中国造船术领先于西方[1]。郑和航海也成了中非友好交流交往的重要见证。

郑和的功绩是辉煌的，属于中国，也属于世界。他从30多岁开始，前后28年献身航海，最后一次下西洋时，已经60岁了，为了中外文化交往和航海事业，他毅然率领船队出使，这次他再也没有回来，病逝在印度的古里，享年62岁，永远地长眠在他开辟的和平道路上。在群星璀璨的中华英杰中，郑和不但以先于西方人航海、胜于西方人的航海技术受到国际社会的关注[2]，更展现出郑和所代表的一种中国人的精神：一种中国人不畏艰险、征服自然的价值取向，一种打开国门走向世界进行文化交流的决心。郑和这种敬业献身、报效国家的精神是永存的，凝聚着中华民族开放进取、和平友好、交流合作、经略海洋和敢为天下先的优秀品德，是一笔宝贵的精神财富，值得后人继承和弘扬，以进一步推进人类的文明[3]。

第三节　王景弘——第八次下西洋的航海家

一、王景弘生平简介

王景弘，生年不详，约1464年，民间称王三保、王三宝、王总兵、王三品，明漳州府龙岩县集贤里香寮村（今漳平市赤水镇香寮村）人。1368年—1398年入宫为宦官，侍奉燕王朱棣。1399年—1402年随朱棣起兵，参与"靖难"夺嫡之战，得朱棣赏识。1405年6月，奉明成祖朱棣之命，以副使身份协助郑和，首次出使西洋，历时2年多，于1407年9月回到南京。1407年11月，王景弘与郑和再次率船队出使西洋。1409年7月，船队回到南京。同年9月，王景弘与郑和受命第

① 李新烽.郑和远航非洲与中非文明互鉴[J].中国社会科学,2022(05)：162-182,208.
② 时平.郑和下西洋的历史功绩[J].珠江水运,2005(08)：50-51.
③ 万明."隐蔽"变化中的明代中国与世界[N].光明日报,2020-06-24.

三次出使西洋。1412 年王景弘受命到闽、浙
沿海招募大批水手和造船工匠,在太仓、长
乐、福州、泉州等地督练水师、监造海船、修建
天妃宫。1413 年明成祖北上,到北京建新都。
王景弘随太子朱高炽在南京监国,兼管招募
舟师、监造海船等事务,为郑和第四、五次出
使西洋做准备。1421 年正月,王景弘和郑和
受命第六次出使西洋,并护送第五次出使西
洋时随船来中国访问的 17 个国家和地区的使

节回国。1424 年王景弘在激烈的皇位之争中,因拥立太子朱高炽有功,荫及嗣
子王桢受赐世袭南京锦衣卫正千户。1425 年王景弘受任南京守备。同年 8 月,
与郑和一起选用下西洋官兵 1 万余人,修造南京大报恩寺等宫庙。1429 年王景
弘受敕省视南京旧皇宫。同年 4 月,开始督造船舶,操练水兵,准备再下西洋。
1430 年王景弘与郑和受命率船队第七次出使西洋。1433 年 3 月,郑和卒于古
里。王景弘率船队扶枢返航,西洋十余国派遣使臣随船队到北京朝贡。1434 年
6 月,王景弘受命以正使身份独自统率船队出使南洋诸国。

二、奉命下西洋

王景弘是下西洋的主要领导者,从现有资料来看,多数提到郑和远航的资
料中,都有王景弘的名字,在已有的记录中,有研究者认为郑和七下西洋,王景
弘或许全部参与过,或者至少参加了其中的 5 次。无论是正史如《娄东刘家港
天妃宫石刻通番事迹碑》《长乐天妃灵应碑记》中的记录,还是稗记如《天下郡
国利病书》《史地舆图》等,都明确记载王景弘在郑和下西洋使团中在正使或副
使的地位①。

目前明确有官方文字记载的王景弘与郑和同航的事迹有第一次、第二次、第
三次、第六次和第七次下西洋。在前三次下西洋中,王景弘为副使随郑和出使各
国。第四次和第五次下西洋,由于当时朱棣北上建新都,王景弘授命辅佐太子朱
高炽监国。王景弘尽管没有直接参加远航活动,但却留在南京,兼管招募舟师、
监造海船等业务,为郑和能够顺畅完结第四次和第五次下西洋活动作出了巨大
的贡献。永乐末年,王景弘在皇位之争中,由于坚决支持太子朱高炽,所以成为
从龙功臣,让他在朱高炽上位之后被提升为正使宦官。宣德五年,与郑和同为正

---

① 陈琦.王景弘简论[J].海交史研究,1987(01):91 - 95.

使第六次下西洋。宣德六年，王景弘与郑和开始第七次下西洋的活动。在抵达古里之时，郑和逝世。第七次下西洋，有一半都是王景弘单独领导的。

郑和死后，宣宗并没有立即停止下西洋，又命王景弘进行了第八次航海，单独负担出使苏门答腊的重任。根据明史的记载，1433 年苏门答腊向明朝进贡麒麟（一说实为长颈鹿），次年苏门答腊王弟哈利之汉前往明朝朝贡时卒于帝都，后来王景弘再度航海出使苏门答腊，苏门答腊的王令另一位弟弟哈尼者罕跟随王景弘一同回到明朝。① 王景弘的这次下西洋，实际上是在郑和之外单独以航海家和外交家的双重身份远渡重洋。到明英宗的正统年，由于各方面条件的捉襟见肘，要求一切从俭，下西洋的活动最终停止。

三、辅助郑和下西洋的背后功臣

王景弘是明朝伟大的航海家，也是明初在发展中国与海外诸国睦邻友好关系方面卓有建树的外交活动家之一。王景弘前后 6 次出使西洋，历经 30 余国、60 多个地区，历时近 30 年，遍及东南亚、南亚、中亚、东非等地。据史界考查，郑和与王景弘下西洋，一般只提 7 次，实则为 8 次，其中郑、王两人共去 5 次，郑单独率船队 2 次，王景弘单独率船队 1 次。他们首次出船远航时间比葡萄牙人达·伽马、意大利人哥伦布、葡萄牙人麦哲伦等人出海远航早约一个世纪，堪称当时世界之首。同时郑和、王景弘每次出海下西洋，随带丝绸、瓷器、茶叶、铜铁及各种工艺品与各国交流，发展中国与亚非国家间的通商关系，开辟"海上丝绸之路"，促进了彼此间的经济、文化和科技交流，增进了人民之间的友谊。在今文莱王国首都斯里巴加湾市的中心地区，还保留一条为纪念王景弘而命名的"王总兵路"。

王景弘是一名精通航海技术的管理者。在下西洋的过程中，从浙江、福建、广东区域内，选取有经验的民间航海者负责罗盘使用，按照针路簿的指引指挥航向。这些人被称为"伙长"。有学者认为，在下西洋的过程中，王景弘是"伙长"的管理者，指挥着船队前进的方向。同时王景弘对海上航道情况也有相当的了解。据传，郑和船队行驶到今天马尔代夫群岛海域的印度洋流漩涡处时，不仅水文古怪，同时还伴有巨响。郑和不知道是什么情况，王景弘告诉他这是船行到"尾闾"，海眼泄水处。民间还记载一则神话故事，说南洋有种神鸟——箭鸟，能给大海中航行的人指明方向。王景弘在西洋航行中能"呼鸟插箭，命在洋中为记"②。

---

① 徐晓望. 八次下西洋的王景弘[J]. 海交史研究，1995(02)：23 - 26.
② 陈琦. 王景弘简论[J]. 海交史研究，1987(01)：91 - 95.

王景弘的功绩多次得到皇帝的褒奖,在第七次出洋前,明宣宗还赐诗王景弘,称其"昔时将命尔最忠"。内臣中能获皇帝赐诗,仅郑和与王景弘。王景弘的忠勇之名,正是来自他不惧风浪紧紧相随的情义,以及临危受命毫不退缩的担当。

王景弘培养了一批优秀航海人才。在远航过程中,王景弘从福建吸纳了大量人才,福建也成了海员之乡、华侨之乡。根据《六里志》记载,福建人黄参、林贵和曾多次跟随郑和、王景弘进行西洋之旅①。还有更多无正式记载的海员,在航行过程中加深航海实践,成长为航海的中坚力量。晚年的王景弘把一生航海所得编撰成《赴西洋水程》一书,此书流落民间后被辗转抄录,成为明清时期人们驾船出海的导航"秘本",在中国航海史上写下了浓墨重彩的一笔。

在王景弘西行的过程中,留下了天妃灵应之记碑等纪念、建宫殿、修庙宇,同时还将中国物产带到航道沿线,也将航行诸国的绘画、雕刻等异邦文化带回国内。根据福州《雪峰志》记载,雪峰寺殿前的瓦塔即是下西洋航程中从外邦带回来的。跟随下西洋的步伐,福建广东沿海较多乡村出现海外移民,将中国的耕作、制瓷、丝织等技术传播到南洋,在开发南洋促进中国文化传播上起到很大作用。

由于王景弘在海外航海的深远影响,迄今在东南亚和台湾还流传着有关他的传说。清康熙高拱乾主修的《台湾府志》,陈文达主修的《凤山县志》,清乾隆王瑛曾等重修的《凤山县志》等志书中记载了王景弘在台湾用药水为当地民众治病、植姜山上为民众采用等传说。在《南洋记》等碑记中记载了王景弘在七洲洋呼鸟插箭指引航向等传说。在东南亚各地留存有三宝宫、三宝洞、三宝井等纪念遗址。为纪念王景弘对航海事业的贡献,1983 年我国以"景弘"命名了一处南沙群岛岛礁,即"景宏岛"(景弘岛)。

第四节　费信——四次下西洋的航海家

一、费信生平简介

费信,字公晓,自号玉峰松岩生,昆山太仓州(今江苏太仓市)人。1388 年生,卒年不详。费信家境贫寒,刻苦读书,因家贫常借书阅读,自学成才,知识渊博,通阿拉伯文。他 14 岁时代兄从军,来到了太仓服役。洪武初年,明朝在太仓

---

① 张桂林.郑和下西洋与福建历史文化的关系[J].福建师范大学学报(哲学社会科学版),1995(04):94-100,114.

设市舶司，管理与海外诸国通商事宜，使太仓成为明初对外开放的一个重要窗口，外国使臣、商人云集于此。后虽因近京畿而罢市舶司机构，但它仍然不失其重要地位。费信在此服役，接触过许多外国人，见闻较广，获得不少外国知识，掌握了一定的科学文化知识和从事外事工作的能力①。费信从 1409 年至 1433 年共 24 年，4 次出使海外，是船队中的文职人员，担任船队中通事和教谕之职。通事是外事翻译，通晓外国语言文字，进行不同语种的语言、文字的翻译；教谕负责教化番人，传播中华文化。在郑和使团中，通事、教谕，一身兼两职，既为外事翻译，又负责传播中华文化，费信便是其中之一。在下西洋活动途中，费信不辞辛劳，细心观察，把途中所见所闻及亲身经历，一一记下，写下了《星槎胜览》一书。《星槎胜览》是一本珍贵史料，记述了郑和下西洋时期亚非各国的海上交通、经济文化、风俗民情等方面的情况，与马欢所著的《瀛涯胜览》均是研究郑和及郑和下西洋的基本史料。

二、四次随船队下西洋

费信从 1409 年至 1433 年共 24 年，四次出使海外：第一次于永乐七年随正使郑和等前往占城、爪哇、满剌加、苏门答腊、锡兰山、小喃兰、柯枝、古里等国开读赏赐，至永乐九年回京；第二次于永乐十年随郑和使团中的少监杨敏等奉使往榜葛剌等国开读赏赐，至永乐十二年回京；第三次于永乐十三年随正使郑和等往榜葛剌诸国，直抵忽鲁谟斯等国，至永乐十四年回京；第四次于宣德六年随正使郑和等往诸番国，再抵忽鲁谟斯等，至宣德八年回京①。

三、撰写郑和下西洋期间珍贵的史料《星槎胜览》

费信所著《星槎胜览》不仅详尽记载了西洋诸国自然资源、经济概况、社会制度、军事和法律等方面的情况，而且还记载了西洋诸国及其在航行中应注意的险区。如记录了以占城和古里两地为中转站的航线，以及苏门答腊、忽鲁谟斯作为航线的主要的交通站，还提醒航海人员至中南半岛的昆仑山时，应注意避险，"凡往西洋商贩之舶，必待顺风七昼夜可过，倘云上怕七洲，下怕昆仑，针迷、舵失，人

① 翁国珍.浅谈费信及其《星槎胜览》[J].福建师范大学学报(哲学社会科学版),1986(01)：93-98.

船莫存"。另外,《星槎胜览》记载印度尼西亚有一处"淡洋""其处与阿鲁国相连,山远有港通内,大溪深,汪洋二于余里,奔流出海之中,一流清淡味甘,过往汲水日用"。600多年前费信有如此详尽记载,在我国和世界航海史上具有重要意义①,可以说费信不愧为世界航海事业的先驱者之一。

费信自幼勤奋攻读,自学成才,加入郑和使团后,在20多年不平凡的航海实践中,他不畏艰险,忠于职守,把自己的青春和精力献给下西洋的伟大事业。他所著的《星槎胜览》虽有时代的局限性,但它是我国人民和亚非人民的一份不可多得的文化遗产,是后人研究15世纪初期亚非各国基本情况的珍贵材料,也是后人研究郑和下西洋的经历及其在各国活动情况的宝贵文献。费信是郑和使团中有作为的记者和作家,也是我国明朝杰出的航海家。家乡人民纪念他,为他写史立传①。为纪念费信对航海事业的贡献,1983年我国以"费信"命名了一处南沙群岛岛礁,即"费信岛"。

第五节　马欢——三次下西洋的航海家

一、马欢生平简介

马欢,回族,字宗道,别字汝钦,自号会稽山樵,浙江会稽(今浙江绍兴市)人。出生于1380年前后,卒年不详。马欢常年从事军职,成长于西域文化体系中,精通阿拉伯语、波斯语。由于马欢能通晓外国语言文字,因此在郑和使团中,他担任通事和教谕两职,即不仅能为外事翻译,而且又向海外传播中华文化。

马欢曾随郑和于1413年、1421年、1431年三次下西洋。作为郑和船队中的通事,每到一个地方,他都对当地的航路、海潮、地理、国王、政治、风土、人文、语言、文字、气候、物产、工艺、交易、货币和野生动植物等做了翔实的记录和考察,归国后认真整理,留有《瀛涯胜览》一书,为后人留下了珍贵的资料。

①　翁国珍.浅谈费信及其《星槎胜览》[J].福建师范大学学报(哲学社会科学版),1986(01):93-98.

除此之外,还有费信的《星槎胜览》及巩珍的《西洋番国志》。这三部著作被称为记载郑和下西洋的三部最初史书。这三部书,是现存郑和下西洋三部基本文献,忠实地记载了当时南海到印度洋周边各国的情况,成为今天研究古代"西洋"各国的重要史料。其中最重要的一部,是马欢的《瀛涯胜览》,由于马欢是通事,对海外国家的描述在下西洋"三书"中最为翔实。

二、三次随郑和船队下西洋

马欢随郑和船队亲历过三次下西洋,分别是 1413 年—1415 年访占城、爪哇、旧港、暹罗、古里、忽鲁谟斯等地;1421 年—1422 年到访满剌加、亚鲁国、苏门答腊、锡兰、小葛兰、柯枝、古里、祖法儿、忽鲁谟斯等地;1432 年—1433 年马欢最后一次随郑和出行,他们的船舶除了到达东南亚及南亚之外,还去过中东的沙特阿拉伯。带着麝香、瓷器等中原物品,跟着古里国的使团一起,去了天方国的麦加。途经"溜山"(马尔代夫),马欢抵达了位于阿拉伯半岛的祖法儿(Zufar,位于阿曼西南部)和阿丹(Aden,即也门亚丁)。马欢抵达"阿丹"的时候,是 1421 年,这是他第二次出海的一个重要节点。回程后,由于郑和任职南京守备,加上朱棣、朱高炽父子相继驾崩,下西洋暂时停止。1431 年开始,明宣宗命令郑和等人筹备第七次下西洋,马欢也随同。

三、撰写了郑和下西洋最重要的一部最初史书《瀛涯胜览》

马欢第一次跟随郑和下西洋,即 1413 年时就开始动意对前往国家的风土人情的记录,于 1416 年初稿初成,有马欢"自序"为证;以后初稿一直在续修之中,于 1444 年以前初稿本完成,有马敬"序"为证;此后,马欢手订修改本于 1451 年完成,是为定稿本,有马欢题识为证。历经 40 年之久,定稿《瀛涯胜览》一书。郑和下西洋档案没有完整保留下来,郑和本身又没有著述,今人所见下西洋原始数据中最重要的一部,即马欢的《瀛涯胜览》。此书久已蜚声中外,不仅是明代一系列有关中外关系记载、清修《明史·外国传》的史料渊薮,也是古代中外交往史上影响最大的史籍之一,在国内外产生了很大影响,英文和日文都有译本[①]。《瀛涯胜览》的版本很多,现存世界各国图书馆。同时该书又是马欢航海生涯的见证,是马欢航海生涯的主要贡献。

《瀛涯胜览》对郑和下西洋的活动做了详细的记载,不仅记录了郑和下西洋过程中一些重大的政治活动和远洋船在设置货栈基地和派分船队的情况,而且

---

① 席龙飞. 大型郑和宝船的存在及其出现的年代探析[J]. 海交史研究,2010(01):55-65.

对各地危及航行的潮汐、波浪、旋涡等海洋现象也有认真的记录。如马欢《瀛涯胜览》中记载："一日两次潮水涨落，其海口浪大，船舶常有沉没。"又如在溜山国中的记载："有八大处，溜各有其名。……设遇风水不便，舟师失针舵损，船过其溜，落于溜水，渐无力而沉大海，行船皆宜谨防此也。"像这些有关海域的危险情况，马欢在其著作中都做了详细的记载，对于后人横渡南海以及印度洋是非常有参考价值的①。马欢对航行过程和海洋基本情况的记载，对于研究西洋史地、中西交通和海洋科技史等方面具有重要意义和影响。为纪念马欢对航海事业的贡献，1983 年我国以"马欢"命名了一处南沙群岛岛礁，即"马欢岛"。

第六节　巩珍——郑和船队的少年航海家

一、巩珍生平简介

巩珍，号养素生，应天府（今江苏南京市）人，兵士出身，后升为幕僚。在他十六七岁时，被派往郑和第七次远航的船队，随同郑和先后访问了占城、爪哇、旧港、满刺加、苏门答腊、锡兰、古里及忽鲁谟斯等 20 余个国家②，对各国的山川地势、人物风俗、物产气候等所见所闻都做了详细的记录，撰写了《西洋番国志》一书。此书和郑和的另两个随行人员所撰书籍——马欢所撰的《瀛涯胜览》及费信所撰的《星槎胜览》，并称为记载郑和下西洋史实的 3 部最初史料，为研究郑和下西洋史事及明初我国航海事业提供了重要材料。《明史·外国传》即主要依据巩珍的《西洋番国志》一书修撰。巩珍从西洋返国以后，曾一度寓居北京，后迁居南京，直到终老，以后的事迹，未见史料记载。远涉重洋的三年海上生涯，使巩珍终生难忘。他晚年曾登下关狮子山夜眺，抚今思昔，心潮起伏，忆起当年随同郑和船队遍访异国情景，写下了《卢龙山夜眺》一诗："北斗挂城头，长江日夜流。狮王蹲不动，鲸吼海天秋。"②

① 周志强.马欢与《瀛涯胜览》[J].黑龙江史志,2008(19)：19-20.
② 韩品峥.郑和下西洋船队中的南京人巩珍[J].南京史志,1996(04)：37.

二、随郑和第七次下西洋船队遍访西洋各国

1431年1月19日,南京下关(当时称龙湾)江面巨大的舰船上,明朝钦差正使总兵太监郑和率领全体人员,庄重地向南京人民告别,第七次出发远航西洋。庞大的随行队伍中有一个年仅十六七岁,名叫巩珍的青年。巩珍生长在南京,从童稚时就经常谛听人们传颂郑和下西洋的盛事,还曾几次和小伙伴们一起,跑到下关江边迎送郑和船队的往返。在他幼小的心灵里,孕育着一个强烈的愿望:终有一天,他要参加这支伟大而光荣的船队,乘长风破万里浪,去遍访西洋诸国。如今,这个愿望终于实现了。"年甫出幼,备数部伍"的巩珍,因为做事勤快、学习刻苦,得到上司的赏识,从一个战士"拔擢从事于总制之幕",担任文书工作,而且奉派参加了郑和第七次远航的船队①。一路上,碧波万顷,"水天连接""惟观日月升坠,以辨西东,星头高低,度量远近"。有时,"烈风陡起,怒涛如山,危险至极。"巩珍虽初涉险途,却处之泰然。他随同郑和先后访问了占城、爪哇、旧港、满刺加、苏门答腊、锡兰、古里及忽鲁谟斯等20余国,"往还三年",直到1433年7月22日,才平安地返抵出发地南京①。

三、撰写了郑和下西洋期间珍贵的史料《西洋番国志》

巩珍这次随同郑和远航,对沿线的海上交通和各国的山川形势、人物风俗、物产气候等,都一一做了忠实而详尽的记录。正如他本人所说:"凡所记各国之事迹,或目及耳闻,或在处询访,汉言番语,悉凭通事转译而得,记录无遗。"在他回国的半年多后,即于1434年2月,他根据自己的见闻,编著刊印了《西洋番国志》一书。此书和郑和的另两个随行人员马欢所撰的《瀛涯胜览》及费信所撰的《星槎胜览》并称为记载郑和下西洋史实的三部最初史料。巩珍在书中还收录了永乐至宣德的敕书三通,是研究郑和下西洋准备工作的重要文献。此外,巩珍在自序中还记述了船队出航时用水罗盘测定方向,于川泽及滨海港汉中汲取淡水,及出航船舰的"体势巍然,巨无与敌,篷帆锚舵,非二三百人莫能举动"等许多情况,均为研究郑和下西洋史事及明代初年我国航海事业提供了重要材料①。为纪念巩珍对航海事业的贡献,1983年我国以"巩珍"命名了一处南沙群岛岛礁,即"巩珍礁"。

---

① 韩品峥.郑和下西洋船队中的南京人巩珍[J].南京史志,1996(04):37.

第十章

清朝航海家

第一节　清朝概述

一、清朝的建立与灭亡

清朝,1616 年—1911 年,是中国历史上最后一个封建王朝。清朝是由东北入关的满族统治者所建立。1616 年,努尔哈赤宣布自己做汗,定都赫图阿拉(今辽宁新宾市),建国号"金",史称后金。1625 年,迁都沈阳,称盛京。1626 年努尔哈赤死,由皇太极继位。1635 年皇太极宣布废除"女真"的称号,而定族名为"满洲"。第二年又改"大金"为"大清",正式建立了清朝。皇太极建立的清朝并没能统一全国。1643 年皇太极死,由年仅 6 岁的幼子福临即位,是为清顺治帝。1644 年清军入关,入关以后经过 20 年的战争统一了全国。

1911 年 10 月辛亥革命爆发,武昌起义取得胜利。起义军成立军政府,建立中华民国。1911 年 12 月底,各省的代表在南京召开会议,推举孙中山为中华民国临时大总统。1912 年元旦,孙中山在南京就职,宣告中华民国成立,改用阳历,以中华民国纪元。1912 年 2 月 12 日,清宣统帝被迫下诏宣布退位,清朝灭亡[①]。

二、清朝的海上交通

清朝统治者入关之初,遭到关内人民和南明政权的强烈抵抗,而东南沿海一带地方,正是抗清势力的根据地,所以清政府一开始就实行严格的"海禁"。1661 年,清政府为孤立郑成功在台湾的抗清势力,防阻其发动攻势,更下令实行"迁海令",强迫山东以南沿海居民分别内迁 30 里到 50 里,并尽烧沿海民居和船舶,不准片板入海,商船、民船一律严禁下海航行。这对于我国的海上交通事业,自然是很大的打击。1683 年,康熙平定台湾,次年才停止"海禁",开放直隶(今河北)、山东、江南(今江苏市)、浙江、福建、广东各省的海岸。但这种"开海",还是要受到限制,如对来往海上贸易捕鱼的,仍限装载五百石以下的船舶,还要实

---

① 刘桂英主编.中国历史博物馆[M].北京:燕山出版社,1998.

行登记纳税等等。从根本上来说，清政府对于对外通商也仍是采取严格阻遏政策，不过清政府的阻遏，并未能完全阻止住人民的海上对外通商。如 1716 年，康熙帝即曾对大臣说起，内地人民为了获利而去吕宋、噶喇吧（今爪哇雅加达）者，往往于船上载米带去，并把船舶也卖掉了才回来，甚至留住不归。他更说起，他南巡过苏州时，见到船厂，都说每年造船出海贸易者，多至千余，回来的不过十分之五六，其余的船都卖在海外，换取银两而归云云①。这不过是苏州一地，其余浙、闽、粤各地，如此者当举不胜举。可见清政府阻遏虽严，也未能完全拦住人民的航海通商活动，而从海外如此重视购买华船，又可知当时我国造船质量之优越。

与此同时，我国人民移殖海外的情况亦不断增加，这和海外通商有直接的关系，和我国海上交通事业的继续发展也有直接的关系，因为在 19 世纪中叶以前，外流华侨主要都须依靠本国帆船作为运输工具。而华侨大量外流的潮流，又正和中国帆船活动于东南亚平行发展着。1741 年，福建漳州府在籍侍郎蔡新曾说，当时"闽粤洋船不下百十号，每船大者造作近万金，小者亦四五千金，一旦禁止，则船皆无用，已弃民间五六十万之业矣，开洋市镇如厦门、广州等处，所积货物不下数百万，一旦禁止，则以商无费，以农无产，势必流离失所，又弃民间千百生民之食矣"②。这充分说明当时我国出洋经商的帆船的声势浩大，华侨漂洋浮海，亦在于有这样的海上交通工具可以寄托。

由于封建王朝长期实行"海禁"和政治上陈腐保守，南洋方面又遭遇西方殖民主义国家强大的东进势力的阻遏和破坏，清朝海运因而处境十分不利，特别是在远海航行方面，陷入一种低潮的状态。1840 年发生了鸦片战争，自此外来的侵略变本加厉，我国海上交通的原有体系受到重大的破坏，侵略者的船舶乃至军舰，一直开进我国的领海和内河，再加上当时封建政府的腐化和压迫，我国的海上交通事业陷入十分疲弱的困境。

三、清朝造船和航海技术

清代实行"海禁"时期，对中国航海事业及造船技术的发展有很大影响，但清朝造船技术仍取得一定的进步。据《清高宗实录》记载：清官方造船厂都选址在盛产木材的地方，福建就设有福厂、泉厂、漳厂和台（湾）厂。但此时泉州缺少适合制作大桅的全木。据《闽政领要》记载，官方的泉州船厂也在厦门购买番桅。从东南亚进口的桅木有铁造、蜂仔代番、甘拔、郁木、白犬、卖色、打马等。船舵采

---

① 《清朝文献通考》卷三十三之《市舶互市》。
② （清）利瓦伊钰，沈定均续修，吴联熏增纂《漳州府志》，卷三十三之《蔡新传》。

用广东产或东南亚产的铁力木(柚木),选用坚韧抗扭曲力强的木材,也能使用国产的榆木、槠木、赤木。地产的松木和杉木也可用来制作桅杆。例如,雍正十年(1732年)和乾隆五十九年(1794年)官方派往琉球的船舶2艘,分别是闽县的木合兴号和惠安的林治盛号,用全根松木制作大桅,用全根杉木制作头桅。后来的大海船由于船大桅高,取材困难,"以数木合成,加用铁"的"帮接技术"应运而生。船型经历代演变,渐趋定型。商船有舻船、艍船和同安梭船(又名横洋船)等。艍船是中型船,形状如槽,长约10丈,载重约千石。当时造船场遍布晋江到惠安沿海一带,如城区的后山、后诸、法石和城南的车桥、新街;晋江的石湖、东石、祥芝井仔山、永宁梅林澳;惠安的崇武、白奇等地①。造船工艺方面,清朝造船的顺序是沿用了明朝万历年间改进的结构法,但民间制造中小型木帆船,仍有沿用之前的船壳法。鸦片战争以后,出现以布帆代替竹篷。因为布帆较易起落升降,可通过调节受风面积的大小来控制航速。

清朝前期的航海技术虽然没有太大创新,但是对于海洋地理的重要性还是具有充分的认识与总结。航海图的绘制也有相当高的水平。清朝陈伦炯《海国闻见录》中就有6幅附图,这些图比以前的地图更详备、精确。其中,《天下沿海形势录》,更是对中国东北、东南沿海的海洋地貌、水文、航运等都有详细的记述。这些都具有重要的海上指南价值。

在航海应用技术上,清朝虽然基本上是继承前人的传统方法,但也有一定程度的发展。对指南针的应用,普遍使用三针法,对航海天象、航海地形水势的观察都有了系统的掌握,并且开始采用沙漏计时,这比起传统的焚烧更香以及日月位置估算时间更为精确。

清朝船员的技术分工非常明确。全船最关键的技术人员是伙长和舵工,大型商船各设有二名担任。伙长负责计时、计程并掌握航向。舵工则保证船舶沿着既定方向航行②。

第二节　谢清高——将西方近代
文明传向中国的航海家

一、谢清高生平简介

谢清高,1765年—1821年,清广东嘉应州金盘堡(今广东梅州市丙村金盘

---

① 黄乐德.泉州科技史话[M].厦门大学出版社,1995.
② 陈希育.中国帆船与海外贸易[M].厦门大学出版社,1991.

乡）人。谢清高出生于一个普通的渔民家庭里，因家境贫寒，他没有像一般青年士子那样，潜心四书五经，做"书中自有黄金屋"的科举之梦，而是选择了出海贸易的人生之路，常跟从商贾出没于广东南洋的万里波涛之间。他 10 多岁即离家"从贾人走南海"，在海上遇险为外国商船所救，遂留在船上工作。从此，在船上度过了 14 年的漂泊生涯（时间在 1782 年—1796 年之间）。他遍游南洋、印度和欧洲，见闻甚多，31 岁时因双目失明被船主解雇，1793 年前后返回澳门以做翻译和开店铺为生。1820 年，同是嘉应人的杨炳南在澳门游玩时与他结识，双方一见如故。杨炳南认为谢清高言语朴实，所说的西洋情况真实可信，于是谢清高口述、杨炳南笔录，写下了《海录》[①]。这本书实际上成了中国人讲述西方近代世界的第一部著作。《海录》成书后的第二年，谢清高在澳门离世[①]。

二、漫游世界的航海生涯

由于清政府对外实行闭关政策，限制沿海对外贸易，规定出洋贸易的海船梁头不得超过 1 丈[②] 8 尺，载重不得超过 500 石，严重地阻碍了中国造船业的发展，导致海难事故频繁发生。1882 年夏季的一天，谢清高跟从商贾扬帆远航，赴南洋贩运货物。当商船行至远海时，突遇风暴，顷刻间，他们所乘的木船被狂风巨浪吞噬，船上其他人多葬身鱼腹，作为海难的幸存者，谢清高为一艘葡萄牙商船所救。"洋船长"非常赏识谢清高的机敏和勇敢，破例将其收留，随同洋船前往世界各国贸易，开始了漫游世界的航海生涯[③]。他游历海外各国。根据谢清高的自述，谢清高从 1782 年到 1796 年这 14 年间，他先后到过和了解了 90 多个不同的国家和地方，足迹遍布欧洲、亚洲、非洲和美洲的所有主要贸易港口[④]。所到之处，他学习当地语言，与各地土著进行贸易交往，了解了当时各地政治经济、历史风俗等各方面的情况，成为那时我国对世界各国见识最多的人[⑤]。远洋异域那奇异的岛屿厄塞、风俗物产，使他眼界大开。西方资本主义工业文明的勃兴，

① 刘幸. 谢清高与《海录》[J]. 太原师范学院学报（社会科学版），2012,11(02)：37 - 39.

② 1 丈≈3.33 米。

③ 于桂芬著. 西风东渐——中日摄取西方文化的比较研究[M]. 商务印书馆，2001.

④ 茂崇，刘安国编. 海洋史话[M]. 天津科学技术出版社，1980.

⑤ 潘君祥.《海录》——我国近世第一本介绍世界各国概况的专著[J]. 上海经济研究，1981(07)：39 - 42.

更给他留下难以忘怀的印象。

三、贡献了把近代西方世界介绍给中国的著作《海录》

1820 年,谢清高在澳门邂逅同乡杨炳南,畅谈 10 多年海外漂泊的经历和异域的奇情趣闻。杨炳南大为所动,为其笔录成书,是为《海录》。《海录》最早刊行于 1820 年。吕调阳《重刻〈海录〉序》中说:"中国人著书谈海事,远及大西洋外大西洋,自谢清高始。"在谢清高之前,中国人关于欧洲的印象,全部得自传闻,从没有直接观察的第一手资料。自明末第一张世界地图传入中国开始,中国人对于世界有五大洲四大洋,便是将信将疑。1584 年天主教传教士利玛窦绘制《坤奥万国全图》,1623 年另一传教士艾略撰成《方外纪》,第一次向中国人介绍世界地理知识,但由于是外国人的天方夜谭,在中国人听来,有点不辨真假。《海录》是一个中国人亲眼所见,不由人不相信。所以,此书虽然粗略,但价值甚高,标志着中国人对于神秘莫测的西方世界,开始有了直接的接触。此书最显著的特点是将谢清高亲自到过的地方的政治、宗教、风俗、产物比较详细地记录下来。"凡番所至,以及荒陬僻岛,靡不周历。其风俗之异同,道里之远近,与夫物产之所出,一一熟悉于心。"但是,此书当时并未引起国人的注意,一直到鸦片战争前后,即美国商船来广州做生意已有半个世纪之久,广州人只知道海外有"花旗夷人",而并不知道"花旗"的地理位置和历史沿革。

《海录》分《西南海》《南海》《西北海》三卷。《西南海》介绍安南(越南)、本底国(柬埔寨)、暹罗(泰国)、明呀喇(孟加拉国)、孟买(印度)及现在马来半岛等 35 个国家和城市的风土人情。《南海》介绍柔佛、旧港(印度尼西亚)、小吕宋等 33 个国家和地方的风土人情①。《西北海》记述大西洋国(葡萄牙)、佛朗机(法兰西)、英咭利(英国)、亚咩哩隔(巴西)等欧、美洲 27 个国家的风土人情。谢清高显然到过英国、葡萄牙、荷兰,书中对这 3 个欧洲国家的政治制度、军事状况、宗教信仰、生活习俗、天文历法、婚丧礼仪和物产都叙述得十分具体。对南北美洲国家的记录却过于简略,且有不少错误。该书对于西方殖民者侵略亚洲的情况也有所反映,作者记述了亚洲国家被殖民奴役的历史,以及亚洲土著居民和华侨被西方殖民者掠夺压迫的情况。

尽管谢清高《海录》存在对部分国家的误读,所用语言有时也极度夸张,尽管他并不完全明白西方的科学技术意味着什么,但考虑到当时的时代背景,谢清高

---

① 安京.《海录》作者、版本、内容新论[J]. 中国边疆史地研究,2003(01):50 - 60,118.

的思想已经很难能可贵了,《海录》毕竟将世界带向了中国人①。《海录》是清代记述世界各大洲、各国、各地状况最多最全的著作之一,也是清朝最早记述西方工业文明的著作之一,对近代以林则徐、魏源为代表的思想家产生过重要影响②。

谢清高是随同英国库克船长探险北极冰海边缘的第二位中国人。文登·扶余和鞠得源研究员根据叶子佩在《万国大地全图》之《图说》中引用《海录》之记述如下:"《海录》云,於开(即 yukon,汉代翻译为'融泽',今翻译为'育空堡'在东北海),由呱夫岛(即 Afognak inland,今翻译为阿福格纳克岛,位于库克湾的南面海内)北行约三月可到……船初至海口(今翻译为库克湾),便有冰块流出,大者寻丈,有土人摇小舟,皆刳独木为之居,人甚稀,而形似中国……由此复北行二十余日,至一海港,不见居人,考其地之北,是为冰海云耳。按於开尚在北极出地七十余度,犹有人,惟不置房屋,挖土窖而居之。复北向冰海,北极出地八十余度,其地六个月为日,六个月为夜,大约无人可居耳。"他在《海录》中对于所见所闻的描述,说明他所乘的船已经到达了接近北纬 80 度的北极地区,有了明显的"极昼"和"极夜"现象③。

---

① 刘幸.谢清高与《海录》[J].太原师范学院学报(社会科学版),2012,11(02):37-39.
② 赵焕庭.南海名浅考[J].热带海洋学报,2009,28(03):5-15.
③ 高登义.梦幻北极[M].福建少年儿童出版社,2018.

后 记

本书终于付梓了。本书从策划筹备到组织编写，都得益于上海海事大学、上海交通大学、上海中国航海博物馆等多位专家的支持和指导，再次向关心本书编写工作的每一位学者致以诚挚的谢意！

从事航海教育工作近 20 年，时常会被问及这样一个问题："中国古代航海家，除了郑和外，还有谁？"虽然亦能随口提及如徐福、徐兢、汪大渊等人，但到底有谁、有多少，心中始终存疑。想通过阅读来解疑，但发现对中国古代航海家的介绍多散落于航海史书籍或学术论文中，系统梳理、研究和介绍之文献还很罕见。于是，乘着编写完《中国航海史话》之余热，便萌发了编一本关于中国古代航海家的图书，再叙中国古代航海事业中的杰出代表和优秀人物的想法，以进一步挖掘和弘扬中国航海优秀传统文化。在与领导和同事交流后，均得到积极的鼓励和支持。

诚然，书写中国古代航海家们的故事，需要熟悉中国古代历史，还需要有扎实的航海专业知识。对此，以再叙述的方式讲述这些彪炳中国航海史的人物佳话，常感责任重大，如履薄冰，故唯有竭尽全力。在编写的过程中，也遇到诸多难题，如资料的收集等。航海人物在传统历史书籍中并非主流主线，因而在经典文献中要找到关于航海人物的描述篇幅十分有限，即使在已有的历史典籍中搜寻航海人物的痕迹，常常找到的也仅仅是只言片语，或者重复雷同。又如各章节的篇幅，因所掌握各朝代关于航海人物的权威资料程度不一，所以有些时期的航海人物着笔较少，各章节的篇幅较难保持一致。幸运的是编写团队不辞劳苦，在工作时间之外常研讨交流，有时直至夜深；幸运的是行业专家兢兢业业，及时给予专业指导；更幸运的是领导的关心和同事的鼓励，才得以如期完成。

未来已来，但过去未去。写此记之际，恰逢高考。今年上海的高考作文题为："一个人乐意去探索陌生世界，仅仅是因为好奇心吗？"了解中国古代航海家的故事，感受他们远航至陌生世界的航海精神，或许可以找到答案。

陈宇里

2023 年 6 月